1937·12·13—1938·1

이 책자를 당시의
희생자들에게,
생존자들에게,
반항자들에게,
그 후손들에게 삼가 드린다.

난징대학살
생존자들의 증언

◉ 주청산(朱成山) 편저

외문출판사

2017년 제1판

ISBN 978-7-119-11184-1

외문출판사유한책임공사 출판
주소:中国北京百万莊大街24号
우편번호:100037
http://www.flp.com.cn
중국 국제도서무역총공사 발행
주소:中国北京車公莊西路35号
우편번호:100044
중국 베이징 우편함 제399호

중화인민공화국 경내에서 인쇄

목 차

머리말

주청산(朱成山)

난징대학살은 1937년 12월 13일부터 1938년 1월까지 중국 침략 일본군이 난징 시내와 교외에서 감행한 학살과 간음, 방화, 약탈 등 만행에 대한 총칭이다. 1937년 12월 13일, 난징이 함락되자 난징에 남아있던 8~9만 명 중국 수비군은 일부는 포로되고 일부는 민간에 숨었다가 다시 일본군에 수색, 체포되었다. 일본군 제16사단장이었던 나카지마 게사고는 1937년 12월 13일 일기에 이렇게 밝혔다. “우리는 기본적으로 포로정책을 시행하지 않고 모조리 철저하게 소멸하는 방침을 채택하기로 했다.” 이 방침에 따라 수많은 포로병들, 그리고 군인으로 의심되는 청장년들이 창강(長江)과 친화이(秦淮)하 기슭 또는 호숫가와 광장, 산기슭 등지에서 집단 사살되었다. 1천 명 이상 규모의 학살만 해도 한중먼(漢中門), 위레이잉(魚雷營), 중산(中山)부두, 샤관(下關), 석탄항구, 차오세(草鞋)협곡, 상신허(上新河), 펑타이(鳳台)향과 화선(花神)묘, 옌즈지(燕子磯), 보우타챠오(寶塔橋) 등 10여 군데에서 진행되었고 피해자는 무려 19.5만 명에 달하였다. 도시와 농촌에서 산발적으로 감행한 학살은 분포범위가 넓고 많아 그 수를 이루 다 헤아릴수 없으며 확실하게 조사된 것만 해도 870여 건에 달한다. 이 대학살에서 일본군은 총살, 찔러 죽이기, 목 자르기, 칼로 패기, 배 가르기, 염통 끄집어내기, 익사, 불에 태우기, 생매장, 개에 물리기, 톱으로 몸통 자르기, 송곳 찌르기, 눈 찌르기, 생식기 자르기, 음부 찌르기 등 온갖 잔학무도한 수단을 가리지 않았다. 그중 일본군 제16사단의 두 소위급 군관은 살인을 재미로 삼아 누가 먼저 1백 명을 죽이는가 하는 '살인게임'까지 벌였다. 전쟁 후 극동국제군사법정은 "일본군은 점령 최초의 6주 동안에 난징 및 그 부근에서 무려 20만 명 이상의 서민과 포로를 학살하였다…… 이 숫자에는 창강(長江)에 버려진 시체, 웅덩이에 생매장했거나 다른 방식으로 처리된 시체는 포함되지 않았다"고 판정했다. 중국 난징 전범심판 군사법정은 "일본군은 포로한 중국 군인과 민중을 기관총으로 사살하고 불을 질러 그 흔적을 없앤 수효가 약 19만여 명에 달한다. 이밖에 산발적으로 학살되고 자선기구에서 시체를 수습한 수효만도 15만여 구에 달한다. 그리하여 총 피해자 수효는 무려 30만 명 이상으로 집계 된다"고 판정하였다.

극동국제군사법정의 판결문에는 부녀자에 대한 일본군의 간음행위에 대해서도 "점령 후의 1개월 동안에 난징 시내에서 발생한 강간사건은 약 2만 건에 달하였다."라고 판정했다. 그러한 간음행위의 대상에는 6,70십 세의 할머니가 있는가 하면 7,8세의 어린이도 있었고 심지어 임신부와 비구니들도 피해를 면치 못하였다. 하루밤에 40여 차례 윤간당한 여성이 있는가 하면 여인의 하체에 나무때기, 대나무 장대, 술병

등을 삽입하는 만행도 저질렀다. 무엇보다 일본군은 시아버지와 며느리, 아버지와 딸, 아들과 어머니, 그리고 스님과 부녀자가 서로 관계를 맺도록 핍박하고 이를 재미로 여겼다. 많은 여성들은 간음과 능욕을 당한 뒤에 사살되었다.

일본군은 난징 시내에 쳐들어온 후 남부의 중화먼(中華門)에서 북쪽으로 가면서 푸즈(夫子)묘, 타이핑(太平)로, 중정(中正)로[오늘의 중산(中山)남로], 궈푸(國府)로[오늘의 창쟝(長江)로], 주쟝(珠江)로를 포함하여 샤관(下關)에 이르는 범위에서 대규모의 방화를 저질러 번화하던 예전의 상가들이 불길에 휩싸이고 큰 건물과 상점, 민가 등 대부분이 폐허로 되게 했다. 6주 동안 불에 탄 거리는 무려 1/3의 건물이 완전히 파손되었다.

일본군은 난징을 강점하기 전후하여 난징 시내와 교외에서 대규모의 약탈을 감행하였다. 크게는 차량과 문화재, 식량, 가축으로부터 작게는 골동품과 장신구, 의류, 단추, 장갑, 금전, 계란에 이르기까지 모조리 빼앗아 갔으며 심지어 외국인들의 재물마저 그냥 두지 않았다. 전쟁 후, 불완전한 조사와 통계에 의하면 난징 시내와 교외에서 훼손된 기물은 도합 2,406세트 309,223점, 의류 5,920박스 5,914,725견지, 현금 447,958위안, 금은보석 14,222냥 6,345건, 서적 1,815박스 2,859세트 148,619권, 서화 28,482점, 골동품 7,321개, 차량 956대, 가축 6,277마리, 식량 12,087,975섬에 달하며 당시의 가치로 환산하면 약 2,317여억 위안에 달하였다.

이러한 대참사를 겪고난 난징은 도시 전체가 만신창이 되었다. 거리는 한산하고 적막해졌으며 농촌은 농토가 온통 황

폐해졌다. 일본군의 난징대학살 폭행은 난징 시민들의 생명과 재산에 막대한 손실을 가져다 주었을 뿐만 아니라 마음과 정신에 매우 큰 상처를 입혔다. 난징의 사회경제와 문화 생태는 심각하게 파괴되었고 난징의 공업, 농업 생산은 아예 억망이 되고 말았다.

난징대학살 생존자란 난징대학살 기간에 난징에서 자신이 그 피해를 입었거나 또는 일본군의 폭행과 박해를 직접 목격하였거나 들은 역사의 당사자이자 증인들을 지칭한다.

지금까지의 78년 동안에 중국정부는 난징대학살 생존자를 찾기 위한 활동을 수차에 걸쳐 대규모로 진행하였고 난징대학살에서 살아남은 생존자들에 대한 조사와 인정작업도 수차 진행하였다.

첫 번째는 난징대학살 기간과 그 이후, 당시 난징에 남아있었던 독일 상인 John H. D. Rabe, 미국 목사 John G. Magee, 덴마크 엔지니어 Sindborg 등 외국인들이 리슈잉(李秀英), 샤수친(夏淑琴) 등 일부 생존자들을 발견하고 구조하였는데 이 생존자들의 이름과 피해과정이 외국인사들의 서신, 기록, 보고서, 항의서와 영상물에 남아있는 것이었다.

두 번째는 전쟁 후의 1945년~1946년 사이, 극동국제군사법정과 중국 난징전범심판군사법정의 청탁에 의해 국민정부가 난징에서 비교적 큰 규모의 생존자 조사작업을 진행하였으며 그 기록들이 현재 중국 제2역사기록보관소와 난징시 기록보관소에 보존되어 있는 것이었다.

세 번째는 1984년~1985년 사이, 중국 침략 일본군의 난징대학살에서 피살된 동포기념관 건설을 기획하고자 난징시는 쉔우(玄武)구, 구러우(鼓樓)구, 바이샤(白下)구, 친화이(秦淮)구, 젠예(建鄴)구, 샤관(下關)구, 위화타이(雨花台)구, 치샤(栖霞)구, 푸커우(浦口)구, 따창(大廠)구 등 6개 행정구와 4개의 교외구역에서 대규모의 조사를 진행하여 난징대학살 생존자가 1,756명에 달함을 알게 된 것이었다. 1991년 여름, 난징시 교육국은 중국 침략 일본군의 난징대학살 기념관과 공동으로 생존자 1,756명을 방문하였는데 그중 400여명은 이미 작고한 사실을 알게 되었다.

네 번째는 1997년 여름, 난징대학살희생자기념관은 도쿄, 오사카, 나고야, 히로시마 등 도시에서 온 26명의 일본 학생을 포함한 14,700명의 대학생, 고등학생들을 동원하여 "역사의 증인을 남기다——난징시 1만 명 청소년의 난징대학살 생존자 탐방"을 주제로 한 하계캠프활동을 전개하여 생존자에 관한 2,460여 점의 정보를 획득하였다. 전문가의 검증과 고증을 거쳐 생존자 1,213명을 추가 발견하였다. 그 후에도 난징대학살 희생자기념관은 생존자에 대한 조사 및 방문을 상시적 업무로 간주하여 베이징(北京), 우한(武漢), 중국 타이완(台灣)과 뉴질랜드 등지에서 생존자를 발견하였고 적시에 자료 수집과 정리작업를 진행하였으며 일부 전형적인 생존자의 구술 자료는 사법 공증까지 행하였다.

난징대학살 생존자 증언은 매우 큰 역사적 가치를 지니며 후세 사람들에게 많은 사색의 여유를 남겨 준다……

우선, 난징대학살의 역사에 증거물을 제공하였다. 증거학 각도에서 볼 때 역사에 대한 연구는 "현장에 있었던 사람과 사실"을 중요시한다. 난징대학살의 생존자들은 바로 당시 현장에 있은 역사의 당사자들로서 이들의 증언은 구술사에 속하는 역사의 직접적인 실증자료들이다. 비록 난징대학살은 이미 반세기가 넘는 세월이 지난 일이고 난징대학살의 생존자들 또한 고령의 나이가 되었지만 당시의 뼈에 사무치는 역사사실만은 아직고 생생하게 기억에 남아있으며 또 영원히 잊지 못할 것이다. 이들의 눈물겨운 규탄을 통하여 사람들은 역사의 진실을 알게 되었으며 중국 참략 일본군의 치떨리는 폭행을 밝힐 수 있게 되었다.

다음으로 이 증언들은 역사교육과 국제평화교육을 전개하는데 소중한 교재로 된다. 난징대학살은 제2차 세계대전사상 3대 특대참사 중의 하나이며 극동국제군사법정의 전형적인 판례 자체가 또한 중요한 역사적 가치를 지니므로 전 세계가 주목할만한 소재이다. 수년 간에 걸쳐 난징대학살 생존자들은 특수 단체를 이루었고 그들의 증언은 난징대학살의 역사와 더불어 줄곧 국제사회의 광범위한 중시를 받아왔다. 난징대학살 생존자 샤수친(夏淑琴)과 리슈잉(李秀英), 니추이핑(倪翠萍) 등은 선후로 일본, 미국, 덴마크 등 많은 나라들의 초청을 받고 국제평화집회에 참석하여 이 역사적 정보를 전파하고 평화의 목소리를 전달하였다.

이밖에, 이 증언록은 난징대학살을 부인하는 국내외 우익세력에 반격을 가하는 유력한 무기로 된다. 최근년간 세계적 범위에서 재2차 세계대전의 역사를 수정 및 부정하려는 언행들이 부단히 대두하고 있으며 특히 일본의 우익세력은 망령되게 갖은 수단으로 난징대학살 역사를 약화시키고 부정하려고 꾀하면서 극동국제군사법정과 중국 난징전범심판군사법정의 역사적인 재판에 도전하여 제2차 세계대전 시기에 참략과 가해를 감행한 저들의 역사적 사실을 부인하려 하고 있다. 하지만 난징대학살 생존자들의 증언은 가장 설득력이 있는 역사 사실의 근거이며 역사의 부정론자들을 향한 날카로운 비수로 되었다.

따라서, 난징대학살 생존자 75명의 증언을 담은 이 책자는 중국 인민 항일전쟁 및 세계 반파시스트 전쟁 승리 72주년을 기리는 가장 특별한 선물이 아닐 수 없다!

집단학살편

1937년 12월 13일(난징시가 함락된 후)부터 1938년 1월 사이에 중국 침략 일본군은 난징에서 중국 군민에 대한 대규모 학살을 감행하였다. 전범자 다니 히사오에 대한 중국 난징 전범재판군사법정의 판결문 부록에 실린 통계에 의하면 다음과 같은 주요 만행이 열거되어 있다. 1937년 12월 15일, 사법원의 피난민수용소에 있던 군경과 민중 2,000여 명을 한중먼(漢中門) 밖으로 끌고 가 기관총으로 사살하였고 서민과 장병 9,000여 명을 해군 어뢰영(魚雷營)으로 끌고 가 기관총으로 집단 사살하였으며 주민 300여 명을 이장먼(挹江門) 장쟈웬(姜家園) 남쪽 어구에서 기관총으로 사살 또는 불에 태워죽였다. 12월 16일, 피난민 5,000여 명을 중산(中山)부두로 압송한 후 기관총으로 집단 사살하였으며 서민인 뤼파린(呂發林) 등 100여 명을 구러우(鼓樓) 쓰탸오샹(四條巷) 호수로 끌고가서 기관총으로 사살하였고 서민 셰라이푸(謝來福) 등

200여 명을 따팡샹(大方巷) 호수로 압송하여 사살하였으며 군민 스엔(石巖) 등 수백 명을 따팡샹(大方巷) 광장으로 끌고 가서 기관총으로 사살하였다. 1937년 12월 17일, 싼차허(三汊河)의 방생사(放生寺)와 자유원(慈幼院)의 피난민수용소 등지에서 서민 4,5백 명을 집단 사살하였다. 12월 18일, 포로된 군인과 피난민 5.7만 명을 샤관(下關) 차오셰샤(草鞋峽)로 내몬 뒤 기관총으로 소사하고 다시 총검으로 마구 찌른 뒤에 방화 소각했다. 샤관(下關) 난퉁(南通)로 북쪽에서 군민 300여 명을 밀밭에 집결시킨 뒤 기관총으로 사살하였으며 따팡샹(大方巷) 피난민구역에서 산요우팅(單耀庭) 등 청년 4,000여 명을 샤관(下關)으로 압송한 후 기관총으로 사살하였다. 12월 19일, 룽장챠오(龍江橋) 입구에서 군민 500여 명을 기관총으로 사살한 후 불에 태웠다. 12월 경에 옌즈지(燕子磯) 강변에서 무장해제한 청년 5만여 명을 학살하였고 상신허(上新河)지역에서 군민 2.8만 여명을 학살하였으며 샤관(下關) 쥬쟈쉬(九甲圩) 강변에서 군민 500여 명을 총살하였고 난먼(南門) 밖 펑타이(鳳台)향, 화신묘(花神廟) 일대에서 피난민 5,000여 명, 사병 2,000여 명을 학살하였다. 이밖에도 일본군은 석탄항구, 떠우차이챠오(豆菜橋), 싼스쓰뱌오(三十四標), 라오쟝커우(老江口), 인양잉(陰陽營), 산시(山西)로, 쟝둥먼(江東門), 모처우(莫愁)호, 쉬샹(許巷)촌, 쉬쟈(許家)촌, 장신저우(江心洲), 푸커우(浦口), 스쟈따워즈(史家大窩子), 판챠오(板橋), 융딩(永定)촌, 상팡(上坊), 바더우산(笆斗山), 탕산(湯山) 등 지에서 무기를 내려놓은 중국 군인과 무고한 시민 100여 명을 집단학살하였다. 이밖에 교외 각지의 많은 장소에서도 일본군은 10여 명의 포로병 또는 수십 명의 시민과 촌민을 광장이나 호숫가 또는 마을이나 산기슭에 압송하여 집단사살하였다. 1947년 3월 10일, 중국 난징 전범재판군사법정은 다음과 같이 판결하였다. “일본군이 포로된 중국 군민을 기관총으로 집단사살하고 불에 태워 흔적을 없앤 희생자 수효는 산야오팅(單耀庭) 등을 포함하여 19만여 명에 달한다.” 본 편에는 중국 침략 일본군의 난징대학살 집단학살에서 살아남은 26명 생존자들의 사례를 열거하였다. 이들은 집단학살에서 요행 살아남은 사람들로서 더없이 끔찍하고 엄청난 충격을 주는 대학살 만행을 직접 눈으로 보고 귀로 들은 사람들이다.

국제안전구역에서 일본군의 집단학살을 경험한 5명 생존자의 회고록

1. 주촨안(朱傳安)의 회고——국제안전구내의 따팡샹(大方巷)에서 일본군이 감행한 집단학살에서 내 사부(師傅)님의 세 아들과 제자 한 명을 포함한 200여 명이 총살되고 사체는 부근의 연못에 버려졌다.

1937년 12월 중순에서 1938년 원단 전후하여 나는 퉁지먼(通濟門)의 한 철공소에서 학도공으로 일했고 중국 침략 일본군이 난징 국제안전구역에서 감행한 대학살 실황을 직접 목격했다.

1937년 12월 중순, 나는 피난민(안전)구역에서 퉁지먼(通濟門) 부근으로 통하는 길에서 일본군에게 깃발을 꽂아주고 있었는데 피난민 몇이 길을 따라 걸어가는 것이 눈에 띄였다. 그들은 내 사부님의 세 아들과 제자 한 명, 그리고 이웃집 사람 한 명, 모두 다섯 명으로 일본군에게 붙잡혀 길안내를 하고 있었다. 그날 오후 5시경이 되어 그들은 국제안전구내의 상하이(上海)로 부근에서 놈들에게 살해되었고 사체는 부근의 연못 속에 버려졌는데 두 연못에는 약 200구의 사체가 널려있었다.

1937년 12월 20일, 나는 퉁지먼(通濟門)에서 피난민(안전)구역으로 가던 길에 놈들에게 붙잡혀 짐꾼노릇을 하게 되었는데 싼파이러우(三牌樓) 부근에서 놈들이 세 명의 중국 사람을 총으로 쏴죽이는 것을 보았다.

1938년 양력설이 갓 지난 이튿날(1월 2일), 나는 안전구역의 산시(山西)로에서 퉁지먼(通濟門)으로 가던 중 한 일본병사와 마주쳤다. 그놈은 나에게 '화꾸냥(花姑娘, 젊은 여성)'을 찾아달라는 것이었다. 나는 찾는 척 하다가 허물어진 집안에 숨어들어 몰래 뒷문으로 도망쳤다. 너무도 놀란 나는 집에 돌아오자마자 병들어 누웠고 몇 개월이 지난 뒤에야 겨우 자리를 털고 일어날 수 있었다.

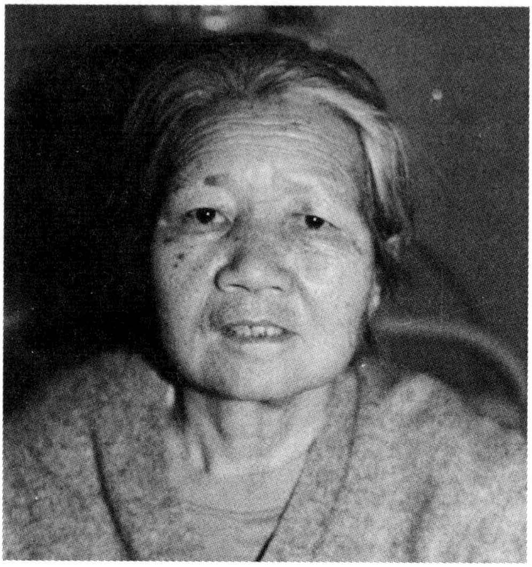

2. 덩밍샤(鄧明霞)의 회고——국제안전구내의 따팡샹(大方巷)에서 일본군이 감행한 집단학살에 나는 남편 덩룽꾸이(鄧榮貴)를 잃었다.

1937년 12월, 일본제국주의 놈들이 난징을 침점했을 때 우리 일가족은 한시먼(漢西門) 탕즈제(堂子街)에서 국제안전구역 화교초대소의 피난민수용소로 피난을 와 있었다. 12월 27일 오전 9시 경에 놈들이 화교초대소 피난민수용소로 들이닥치더니 난민들을 향해 3정의 기관총을 걸어놓고 위협하면서 청장년 남자들을 모조리 붙잡아갔다. 남편 덩룽꾸이(鄧榮貴)도 그들

속에 들어있었다. 놈들은 포승줄로 한 사람씩 묶어 국제안전구역 따팡샹(大方巷) 연못가로 끌고가더니 기관총으로 모조리 사살하는 것이었다. 한꺼번에 수백 명이 쓰러져 못물은 삽시에 붉게 물들었다. 당시 피난민수용소 안은 온통 곡성으로 뒤덮였고 노인은 아들을, 여인은 남편을, 아이들은 아빠를 부르며 울었다. 놈들이 와서 울면 마저 죽여버린다고 을러메자 우리는 감히 크게 울지도 못하였다. 나의 남편 덩룽꾸이(鄧榮貴)는 그때 겨우 35살밖에 안되었다.

남편이 죽자 나는 첫돐도 채 안된 딸을 안고 한시먼(漢西門)에 있는 집으로 돌아왔으나 집은 이미 놈들의 손에 불타버리고 없었다. 결혼 당시 마련했던 모든 가구, 동석기물, 옷가지, 이불, 자기, 장신구들도 모조리 없어지고 말았다. 졸지에 의지가지 없게 된 우리 모녀는 살아갈 방도도, 생계를 유지할 힘조차 없는 고통에 시달려야 했다.

3. 주한샹(株漢祥)의 회고——국제안전구내 화챠오(華僑)로 길목에서 일본군이 감행한 집단학살에 나는 요행 기관총 소사에 맞지 않고 죽은 시체더미에 숨어 겨우 살아 남았다.

1937년, 우리 집은 커샹(科巷) 85번지에 살면서 호떡장사로 생계를 유지하고 있었다. 일본군이 난징을 강점하기에 앞서 우리 식구들은 모두 피난민구역(안전지대)에 숨어들어 화챠오(華僑)로 부근의 까오쟈(高家) 술집에 묵고 있었다. 1937년 12월 21일 오후 3시 경에 커샹(科巷)에서 '장미이발소'를 경영하던 장로싼(張老三)이라는 사람도 고우쟈(高家)술집에 들어와 있게 되었다, 그는 나에게 자기 점포에 함께 가보지 안겠느냐고 제의했다. 우리는 화챠오(華僑)로를 벗어나자마자 그만 놈들에게 발각되어 장로싼(張老三)이 붙잡혀 가고 나는 기회를 타서 신졔커우(新街口) 방향으로 도망쳤다. 그러나 신졔커우(新街口)은행 문앞에서 나는 다시 놈들에게 발각되었고 그들에게 끌려가 수레를 몰게 되었다. 수레가 따싱궁(大行宮)에 이르렀을 때, 놈은 나에게 부근에 술집이 없느냐고 물었다. 나는 한 술집을 알려주었고 그놈이 술집에 들어가자마자 나는 틈을 타서 도망쳤다. 길에서 나는 많은 시체들을 보았는데 어떤 사체는 창자까지 밖으로 흘러나와 있었다. 나는 큰 길을 피하고 골목길로 이리저리 숨어가면서 뛰어 밤이 이슥해서야 집에 도착했다.

일본군에게 붙잡힌 장로싼은 덩푸샹(鄧府巷)에서 놈들의 칼에 두팔과 어깨, 뒤통수를 각각 두 차례, 한 차례, 세 차례 찍히고 등에 총을 한 발 맞았지만 급소가 아니었기 때문에 당장에 숨지지는 않았다. 그가 부근의 한 인가에까지 기어갔을 때 마침 피난민구역에서 집 형편을 둘러보러 온 집주인이 장로싼을 발견하였다. 이튿날 집주인은 아침 일찍 피난민구역에 가서 장로싼의 가족에게 소식을 알렸다. 그의 형은 평상을 들고와서 그를 구러우(鼓樓)병원으로 옮겼다. 가족들 중에는 그를 간호할 사람이 없었으므로 나는 이불을 가지고 병원에 가서 그를 간호해주었다.

한 주일이 지나 장로씬(張老三)은 결국 숨을 거두었고 나는 이불을 안고 집으로 발길을 옮겼다. 도중에 화챠오(華僑)로 길목에서 나는 또 놈들과 맞닥뜨렸다. 그들은 총검으로 이불을 마구 찔러대더니 나를 다른 사람과 함께 밧줄로 묶었다. 붙잡힌 사람은 약 1백명 가량 되었고 놈들은 우리를 등뒤에서 기관총으로 사격했다. 나는 마침 앞쪽에 있었고 놈들의 기관총 사격이 시작되자마자 냉큼 엎드렸으므로 총에 맞지 않았다. 그런대로 죽은 사람들 틈에 숨어있다가 밤이 되어서야 비비고 일어났다. 이렇게 나는 놈들의 그번 집단학살에서 살아남게 되었다.

일본군은 난징을 점령한 후 도처에서 학살과 약탈을 감행하였다. 어느날 밤에 잠을 자고 있는데 놈들이 쳐들어와 나를 이불속에서 끌어내더니 군인이 아니냐면서 내 머리와 손을 검사하였고 침대에 놓여있던 스웨터를 보더니 그것을 집어갔다. 놈들은 구석구석을 모조리 뒤지면서 계란 한바구니를 발견하자 그것마저 가져갔다. 일본군이 한창 집안을 뒤지며 약탈에 정신을 파는 틈을 타서 나는 몰래 빠져나왔다. 다시 한번 일본군의 총검을 피해 살아남게 된 것이다.

1938년 원단(1월 1일)이 지나 나는 '양민증(良民證)' 을 받으러 인양잉(陰陽營)에 갔었는데 많은 사람들이 모여있었다. 일본놈은 통역을 시켜 '양민증' 을 받으러 온 사람에게 군대에 갔다온 사람, 목수, 미장공이 있는지를 물었고 또 이곳에 집이 없는 사람들이 손을 들면 일자리를 줄 것이며 일하지 않겠다는 사람은 돈을 주어 집으로 돌아가게 한다고 하였다. 결국 적지 않은 사람들이 손을 들었는데 이들은 남겨진 후 전부 놈들의 기관총에 사살되었다.

4. 란허이(蘭和義)의 회고——국제안전구내의 인양잉(陰陽營)에서 일본군이 집단학살을 감행할 때 나는 놈들에게 붙잡혀 인부로 징발되었고 수레를 끌면서 온갖 처참한 광경을 두 눈으로 똑똑히 보았다.

1937년, 우리 집은 마오쟈웬(毛家苑) 32번지에 살고 있었다. 아버지가 일찍 돌아가셨으므로 우리 모녀는 서로 의지하며 살아갔다. 일본군이 난징을 점령한 후 나와 어머니는 국제안전구역의 인양잉(陰陽營) 피난민수용소에 들어갔다. 어느 날 밤, 4~5명의 일본병사들이 나타나 나의 넷째 숙모인 란마(蘭馬)씨를 인양잉(陰陽營)에서 윤간하였다.

나는 세 차례나 일본군에

게 붙잡혀 인부로 징발되었는데 처음에는 나와 다른 두 사람을 붙잡아 쇠솥 3개를 산파이러우(三牌樓)로 운반하게 했다. 큰길에는 시체들이 가득 널려있었으므로 우리는 부득이 큰길을 피해서 갈수 밖에 없었다. 우리가 작은 수레를 끌고 앞에서 가고 일본병정이 뒤를 따랐는데 인양잉(陰陽營)에 거의 도착할 무렵에 앞쪽에서 놈들이 사람을 죽이고 있었다. 사람들은 전부 백성들이었고 남자였으며 그 중에는 노인도 있고 소년도 있었다. 많은 사람들이 울부짖었다. 놈들은 기관총 서너 정을 걸어놓고 사람들을 향해 미친듯이 소사했다. 약 300명의 백성들이 그렇게 사살되었다. 후에 우리는 후난(湖南)로 딩쟈챠오(丁家橋)에 위치한 전 국민당 중앙당부에 도착하였다. 놈들은 밥을 먹고 있었다. 나는 그들에게 임시통행증을 발급해달라고 사정했다. 임시통행증에는 '나카지마 부대 헌병대에서 3인을 사용함' 이라고 적혀 있었다. 우리는 임시통행증을 가졌지만 감히 큰길로 다니지 못하고 지름길로 해서 인양잉(陰陽營) 피난민수용소에 도착하였다. 어머니는 내가 무사히 돌아온 것을 보고 너무 기뻐서 눈물까지 흘리셨다.

두 번째는 내가 놈들에게 끌려 초우텐궁(朝天宮)까지 갔었는데 함께 붙잡힌 사람이 여럿 되었다. 나는 놈들의 총검을 갈아주게 되어 네댓 자루를 갈아놓자 놈들은 그 총검으로 돼지를 잡았다. 저녁에 놈들은 문짝을 떼내어 불을 지피고 몸을 녹였다. 그 기회에 우리 몇 사람은 담을 넘어 도망쳐 나왔다.

세 번째는 놈들에게 붙잡힌 우리 열 명이 트럭에 실려 남쪽 교외의 반챠오(板橋)에 가서 놈들의 밥을 짓게 되었다. 저녁에 우리는 또다시 도망쳤는데 길에는 곳곳에 사체들이 널려 있었다. 이장먼(挹江門), 싼파이러우(三牌樓), 딩쟈챠오(丁家橋)에 시체가 제일 많았고 이쟝먼(挹江門)에는 200~300명이 피살된 뒤 비가 내려 시체들이 전부 빗물에 잠겨 있었다.

5. 후젠핑(胡建平)의 회고——국제안전구역 장쑤(江蘇)로 목탄공장 서쪽 연못가에서 나는 수천 구에 달하는 피난민 시체를 목격했다.

나는 이름이 후젠핑(胡建平)이다. 1937년, 우리 집은 난징 중화먼(中華門) 내 창러(長樂)로 29번지에 있었고 해방 후에는 창러(長樂)로 50번지에 살고 있다.

우리 집은 대대손손 중산먼(中山門) 밖 마췬(馬群)진 황마(黃馬)촌에서 2무(1무는 약 200평)의 밭을 경작하며 살아왔다. 농한기가 되면 부모님은 우리 자녀들을 데리고 시내에 들어가 품을 팔아 생계를 유지하였다. 아버지 후수이린(胡水林)은 이발사였고 후베이(湖北)출신이었는데 데릴사위로 외할머니 집에 들어와 살았다. 어머니 후지(胡季)씨[지리신(季立新)]은 가정주부였다. 당시 집에는 16살나는 외삼촌 팡라이건(方來根)이 함께 살고 있었는데 역시 밭농사를 하는 농민이었다. 이밖에 이모부, 이모, 언니[후바오전(胡寶珍)], 이종사촌 여동생과 내가 있었다.

1937년 12월 11일, 중국 침략 일본군은 난징 동쪽 교외의 마췬(馬群) 일대를 침점한 후 도처에서 살인과 방화를 일삼고 수류탄을 던졌다. 우리 일가족은 조금밖에 안되는 식량과 생필품을 멜대에 담아 메고 이모부를 따라 난징 시내 피난민구역(안전구역)의 구러우(鼓樓) 쟝쑤(江蘇)로 목탄공장에 피신하여 이모부의 친구집에 머물러 있었다.

이틀이 지난 12월 13일 해질 무렵이었다. 사면팔방에서 불길이 치솟고 길에는 일본군의 말발굽소리가 어수선하여 온통 살기가 무시무시했다. 나는 문틈으로 어깨에 총을 메고 일본기를 들고 있는 일본병정들을 보았다. 놈들은 쟝쑤(江蘇)로 입구 빌딩에다 기관총을 걸어놓더니 길을 지나가는 사람을 보는 족족 사살하기 시작하였다. 놈들은 또 무리를 지어 백성들의 집에 뛰어들더니 청장년을 체포하였다. 밤 9시가량 되어 일본병정 네댓 명이 찾아왔지만 언니와 이모네 미혼 며느리 등 4명의 소녀는 문뒤에 만든 암실에 숨어있었고 외삼촌은 층계밑의 암실에 숨어 있었으므로 놈들은 그들을 발견하지 못하였다.

12월 14일 아침 8시경에 놈들은 다시 찾아와 수색을 했다. 외삼촌 팡라이건(方來根) 등 네 젊은이(나머지 셋은 이웃집 아이들이었음)가 층계밑에서 카드를 놀고 있다가 놈들에게 발각되었다. 놈들은 그들을 붙잡아가려고 했다. 어머니와 이모가 울면서 놈들에게 사정하였으나 아무 소용 없었고 놈들은 하늘에 대고 공포를 쏘며 우리를 물러서라고 위협하였다. 어머니는 나에게 은화 네잎과 외삼촌의 밀짚모자를 주며 놈들을 쫓아가 사정하게 했지만 그래도 놈들은 외삼촌을 풀어주지 않았다. 결국 그들은 일본군에게 팔을 묶인 채 끌려갔다. 나는 붙잡힌 청장년들이 한 무리씩 부근 광장으로 끌려갔다가 다시 차례차례 장쑤(江蘇)로 목탄공장 서쪽으로 끌려가 학살되는 것을 보았다. 그날 저녁 밤 9시경에 나는 끊임없이 울리는 기관총 소리를 들었다 외삼촌은 그렇게 끌려간 후 다시 돌아오지 않았다.

사흘 후, 우리는 외삼촌의 시체를 찾고자 사처로 뛰어다녔지만 끝내 찾아내지 못하였다. 나중에 목탄공장 서쪽 연못가에서 외삼촌의 시체를 찾았을 때는 우리 앞에 수천 명의 피난민이 일본군에게 피살된 참상이 벌어져 있었다. 큰 연못과 2개의 개천에는 전부 피난민의 시체와 핏물이 고여있고 물에 잠긴 어떤 시체는 이미 퉁퉁 붓고 변모되어 차마 눈 뜨고 볼 수가 없었다. 후에 홍만자회(紅卍字會)가 연못에서 시체들을 건져냈고 우리도 신원을 확인하러 갔지만 전혀 알아볼 수가 없었다. 홍만자회는 상하이(上海)로 부근의 우타이산(五台山) 산비탈에다 깊이 10m가 넘는 큰 웅덩이를 파고 수거한 시체를 층층이 쌓아 매장하였는데 사람들은 이를 '만인갱(萬人坑)'이라고 불렀다.

외삼촌이 피살된 지 며칠 안되어 우리가 머물고 있는 곳에는 마실 물이 없어졌다. 아버지와 이모부는 물을 길으러 갔다가 놈들에게 붙잡혀 낮에는 일하고 밤에는 밥을 짓게 되었다. 날이 어두워진 틈을 타서 아버지와 이모부는 창문으로 도망쳐 나왔다. "이곳에 더는 있을 수 없다. 놈들이 또 잡으러 올테니까 어서 떠나자!" 하고 아버지가 말씀하셨다. 우리 가족은 그날 저녁으로 미국대사관에 도망쳐 왔다. 그곳에는 이미 많은 피난민들이 붐비고 있어 우리는 여럿이 함께 홑이불을 쓰고 밖에서 지낼 수밖에 없었다. 그날은 눈이 내리고 날씨가 매우 추웠다. 미국인들은 우리에게 한 사람당 길죽한 빵을 하나씩 나누어주었다. 네댓새를 거기서 지낸 후 우리는 다시 진링(金陵)대학 피난민수용소로 대피하였고 매일 죽을 조금씩 얻어먹으며 연명을 했다. 그곳에서 우리는 3~4개월을 지내다가 '안민(安民)' 후에야 창러(長樂)로의 셋집으로 돌아왔다.

우리가 살던 중산먼(中山門) 밖 마췬(馬群)진 황마(黃馬)촌의 삼간 집은 이미 놈들의 손에 불타버렸고 다른 사람들의 집도 거이 다 타버리고 없었다. 우리는 돌아갈 집이 없었으므로 농경지도 버린채 사처로 떠돌며 유랑생활을 하는 수밖에 없었다.

난징 시내에서 일본군의 집단학살을 경험한 7명 생존자의 회고록

6. 우창더(伍長德)의 회고——한중먼(漢中門)[1]에서 감행한 일본군의 집단학살에 나는 사체더미에 깔려있다가 요행 살아남았고 잔등이 칼에 찔렸으나 큰 화는 면했다.

1 중국 참략 일본군이 난징 서부의 한중먼(漢中門) 친화이허(秦淮河) 강기슭에서 감행한 집단학살을 말함. 난징의 서쪽 성문인 한중먼은 한중로(漢中路) 서쪽 끝에 있으며 1931년에 완공되었다. 1937년 12월 15일, 일본군은 국제안전구역의 사법원 피난민수용소 질서유지를 책임진 중국 경찰 400여 명과 무장을 해제당한 중국 군인 및 평민 1,000여 명을 4개 대오로 줄을 세워 한중먼에 압송, 구금하였고 다시 병사들이 긴 바줄로 매번 100여 명씩 둘러감아서는 성문 밖 친화이허 강변으로 끌고가 기관총으로 사살한 뒤 나무와 휘발유로 불태워버렸다.

1937년 12월, 일본군이 난징에 접근해 왔을 때, 나는 부모님과 아내, 큰 아들을 모두 쑤베이(蘇北)로 피난시키고 나 혼자 난징에 남아 집을 지키고 있었다. 당시 나는 난징의 교통경찰이었다. 난징을 강점한 일본군은 눈에 보이는 족족 백성들을 죽였다. 1백만 인구를 가진 난징은 거의 텅 빈 도시로 되었다. 나는 국제위원회의 '보호'를 받는 사법원 피난민수용소에 숨어 있었다.

12월 15일 오전 8시 경에 갑자기 10여 명의 일본병정들이 들이닥쳐 청장년 남자들을 전부 밖으로 끌어내어 길에다 집합시켰는 데 그 수효가 2천 명이 넘었다. 11시 경에 우리는 줄을 서서 끌려갔다. 서우두(首都)영화관[현재의 성리(勝利)영화관] 문앞에 이르자 대오의 뒤쪽에서 일본 병사와 기관총을 실은 트럭 몇 대가 다가왔다. 트럭이 우리 앞에서 길을 내고 대오는 서우두영화관에서 계속 앞으로 나아갔다. 오후 1시쯤 되어 대오가 한중먼(漢中門)에 이르자 놈들은 우리 일행 2천여 명을 성문앞에 세우고 그자리에 앉으라고 하였다. 잇달아 일본병사 두 명이 긴 밧줄을 가져다 양쪽 끝을 거머쥔 채 사람들 속에서 약 100명씩 밧줄안에 들어가게 하고 그들을 한중먼 밖 친화이허(秦淮河)강변으로 끌고가서 기관총으로 사살했다. 이렇게 나는 함께 잡혀온 사람들이 매번 100~200명씩 한중먼 밖으로 끌려가 사살되는 것을 보았다. 간혹 겁에 질려 움직이지 못하는 사람이 있으면 놈들은 그 자리에서 총으로 쏴죽였다. 오후 5시가 넘어 나도 밧줄안에 갇히게 되었다. 놈들은 우리를 친화이허 강변에 끌고가 언제 아래의 경사진 곳에 세웠다. 나는 언제 양쪽에 걸린 2정의 기관총을 보았다. 정신을 차리고 보니 눈앞에는 이러저리 쓰러진 시체들이 가득하였다. 나는 황급히 저도모르게 앞으로 몇 걸음 달려가다가 쓰러진 시체더미 위에 엎어졌다. 순간 기관총 소리가 울렸다. 사람들은 하나 둘씩 쓰러지고 나는 그렇게 죽은 사람들의 사체밑에 깔리게 되었다. 기관총 소리가 멈추자 잇달아 소총 소리가 들렸다. 소총 소리가 멈춘 뒤 나는 시체더미 위에서 누군가가 걸어다니는 것 같은 느낌이 들었다. 내가 강변 쪽을 향해 머리를 감싸고 엎드렸기 때문에 등에 실린 시체를 통해 사람이 그 위를 걸어다니는 듯한 압력을 느낄 수 있었던 것이다. 이때 갑자기 등줄기에 칼날이 꽂히면서 따갑게 아파났다. 알고보니 일본병사 한놈이 시체더미에서 숨이 붙어 있는 사람들을 총검으로 찔러 죽이고 있었다. 칼날은 내 등 위에 실린 시체를 뚫고 내 몸에까지 와닿은 것이었다. 그 뒤로 나는 또 잇달아 두 차례나 기관총 소리를 들었다. 아마 두 번에 걸쳐 사람들을 더 학살하는 것 같았다. 이어서 놈들은 불을 질러 시체를 태우기 시작하였고 나는 짙은 연기와 활활 타오르는 불길에 더는 참을 수 없어 어둠을 타서 위험을 무릅쓰고 친화이허 강물에 뛰어들었다. 다행히 겨울이라 강물이 많지 않았으므로 몰래 강가를 따라 남쪽으로 헤염쳐 갈 수 있었다. 수이시먼(水西門)까지 기어간 뒤 와창(瓦廠)거리 9번지 일대의 한 뜨락 안 주방으로 숨어들었다. 마침 바닥에 볏짚이 한무더기 쌓여 있었으므로 나는 그것으로 가마솥 검댕이를 얼굴에 문지르고 거지로 분장한 뒤 겨우 피난민(안전)구역까지 도망쳐 왔다. 그 뒤로 구러우(鼓樓)병원에 옮겨져 약 50여 일간 치료받고 나서야 상처가 겨우 아물었다. 등에는 지금도 길이가 5치나 되는 흙터가 남아있다.

1946년 5월, 극동국제군사법정에서 전범을 심판할 때에 나는 증인 중의 한 사람으로 특별히 도쿄에 가서 재판정에 출두하여 자신의 피해경력과 직접 목격한 사실을 증언하였고 일본 침략군의 난징대학살 폭행을 규탄했다.

7. 자오자차이(趙家財)의 회고——한중먼(漢中門)에서 일본군이 집단학살을 감행할 때에 나는 한중먼 밖 친화이허(秦淮河) 건너편 얼도경즈(二道埂子)에서 그 참상을 목격했다.

나는 이름이 자오쟈차이(趙家財)이고 1922년 4월 1일에 태어났으며 집은 바이샤(白下)구 우라오(五老)촌 25번지에 있었다.

1937년 일본군이 시내로 쳐들어올 때 나는 16살이었다. 난징에서 목공일을 하고 있었는 데 당시 나는 여비조차 없어 고향인 안후이(安徽) 허현(和縣)으로 돌아가지 못하고 타향에서 떠돌이 생활을 하였다. 그때 우리 집에는 어머니와 누나, 여동생과 남동생이 있었다.

나의 한 친척이 수이시먼

(水西門)에서 야채농사를 하고 있었고 나는 그를 도와 멜대로 채소를 거리에 날마다 팔았다. 당시 수이시먼에는 일본군 초소가 세 겹이나 설치되어 있었다. 우리는 '양민증(良民證)'을 가지고 첫 번째, 두 번째 초소를 무사히 지났다. 그런데 세 번째 초소에 이러 때 나는 일본놈 병사가 한 노인의 수염을 잡아당겨 땅에 엎드리게 하고는 그 위에 올라타는 것을 보았다.

1937년 12월 15일 오후, 1천여 명 중국인들이 손을 뒤로 묶인 채 일본병사들에게 끌려와 한중먼 밖에 한 줄씩 줄을 서서 집단학살을 당하였다. 이는 내가 한중먼 친화이허 건너편 얼도경즈에서 직접 목격한 사실이다.

한번은 놈들이 신졔커우(新街口)에서 역부를 붙잡고 있었다. 나는 공교롭게 그놈들에게 붙잡혀 가서 찬장을 만들어 주게 되었다. 한 놈이 나더러 못으로 양철판을 찬장에 박으라고 했으나 내가 말을 알아듣지 못하자 나에게 한바탕 혹독한 매를 안기는 것이었다. 놈들은 1m나 되는 몽둥이로 내 잔등을 사정없이 내리쳤다. 그후로 나는 귀에 후유증이 생기게 되었고 등에는 아직도 흉터가 남아 있다. 날씨가 흐릴 때면 상처가 몹시 쑤시고 아프다. 그때 나는 그곳에서 약 1개월간 일했다.

8. 양핀셴(楊品賢)의 회고——한중먼(漢中門) 밖에서 감행한 일본군의 집단학살 때 나는 일본병사가 화챠오(華僑)로 병공서마당에서 청장년들을 수색 체포한 후 친화이허(秦淮河) 강기슭으로 끌고가 기관총으로 사살하는 것을 똑똑히 보았다. 당시 더우먼챠오(陡門橋) 옆의 전봇대에는 노끈에 꿰어 달아맨 사람들의 귀가 길게 드리워져 있었다.

일본군이 난징을 침점하기 전에 나는 러구자이(樂古齋)상점에서 학도공으로 있었고 우리 집은 샤오차이샤(小彩霞)거리 6번지에서 살고 있었다. 1937년 겨울, 중국 침략 일본군이 난징시내로 쳐들어왔다. 우리 가족 다섯은 상하이(上海)로 더우차이챠오(豆菜橋) 피난민(안전)구역에 피난해 있으면서 놈들의 한 차례 또 한 차례의 잔인무도한 폭행을 목격하였다. 놈들은 '양민증' 을 내주는 기회를 타서 대학살을 계속하였다. 누군가 말하기를 피난민(안전)구역에서 등록할 때에 넘기 힘든 5개 고비가 있다는 것이었다. 말하자면 첫 번째는 삭발 여부, 두 번째는 손바닥 장알 여부, 세 번째는 어깨의 굳은살 여부, 네 번째는 머리의 모자 자국 여부, 다섯 번째는 위생복 여부였다. 이 5개 고비(검사)에서 애매하게 죽은 사람은 부지기수였다.

놈들이 쳐들어 온지 이틀째(12월 15일) 되던 날, 그들은 '양민증' 을 내준다면서 떠우차이챠오 피난민 수용소에 있던 수백 명 생존자를 전부 화챠오로 병공서 뜨락으로 끌고갔다. 말로는 '양민증' 만 있으면 집에 돌아가 안정된 생활을 할 수 있다고 하였지만 실은 청장년을 붙잡아 학살하려는 속셈이었다. 당시, 뜨락에는 네모난 탁자가 있었고 일본군 군관놈이 그 위에 올라서고 아래에는 매국노 통역놈 잔룽광(詹榮光)이 서 있었으며 탁자 주변에는 피난민들이 일본군에게 포위되어 있었다. 통역놈은 '황군' 께서 하시는 말씀이 '양민증' 만 받으면 각자 집에 돌아가 안정된 생활을 할 수 있으니 '양민' 인 사람은 이쪽에 서고 군인은 저쪽에 서라는 것이었다. 그러나 아무도 나서는 사람이 없었다. 일본군은 다시 손을 드는 방법으로 중국 군인이면 손을 들라고 하였다. 여전히 아무도 들지 않았다. 다시 '양민' 이면 손을 들라고 하자 이번에는 모두가 한결같이 손을 들었다. 이 광경을 본 군관놈은 크게 화를 내며 청년남자들을 모조리 끌어내라고 하였다. 한 청년이 일본군에게 끌려갔다가 다시 도망쳐 왔다. 연거퍼 세 차례나 끌려갔다가 되돌아오자 일본군은 그를 총검으로 찔러 죽였다. 그러자 끌려간 청년들은 아무도 감히 사람들이 모여있는 쪽으로 도망쳐 오지 못하고 전부 끌려갔다. 일본군은 삭발을 한 사람과 손에 장알이 박힌 청년들을 중국 군인으로 간주하고 트럭 3대에 실어갔다. 나는 당시 머리를 길렀었고 손바닥에 장알이 박히지도 않았으므로 범의 아가리에서 빠져나올 수 있었다. 이튿날, 그 구역에 살다 잡혀간 청년이 도망쳐 와서 하는 말이, 일본군은 그들을 한중먼 밖 친화이허 강기슭으로 끌고가 기관총으로 사살하였고 자기는 사전에 먼저 스러져 있다가 총알에 맞지 않고 밤에 시체더미 속에서 기어나와 도망쳐 왔다는 것이었다.

우리는 '양민증' 을 발급받은 후 집으로 돌아왔다. 길가 여기저기에 널려 있는 시체들은 차마 눈 뜨고 볼 수가 없이 끔찍한 참상이었다. 우리는 더우먼챠오부근에서 또 노끈으로 사람의 귀를 꿰어 전봇대에 주런히 달아놓은 것을 보았다. 놈들은 우리의 동포들을 얼마나 많이 죽였는지 모른다.

시내가 좀 안정된 후 나는 <재난 후의 생존 회고록>를 썼으나 유감스럽게도 오랜 세월을 거치면서 유실되고 말았다. 그러나 일본군이 저지른 잔혹한 폭행만은 평생을 두고 잊을 수 없다.

9. 줘룬더(左潤德)의 회고——평푸(豊富)로 보건소에서 집단학살을 감행한 일본군은 불을 끄려고 달려온 주민 20여 명을 총칼로 찔러 죽였다.

1937년, 우리 집은 난징 서부의 따왕푸샹(大王府巷)에 살고 있었는 데 그곳은 300여 세대가 살고 있는 판자촌이었다. 우리 집은 매우 가난했고 가족 다섯 식구(아버지, 어머니, 여동생 둘과 나)는 아버지가 인력거를 끌고 내가 고물을 주어 파는 것으로 생계를 유지하였다.

일본군이 난징을 강점할 때 나는 17살이었다. 1937년 12월 어느날(구체적인 날자는 기억이 나지 않는다), 놈들은 우리 동네에서

7,8명 사람을 붙잡아 솜옷을 강제로 벗긴 뒤 '방앗간' 마당으로 끌고가 일렬로 무릎을 꿇게 하였다. 나는 이웃 사람들과 나란히 무릎을 꿇고 있다가 놈들이 총검으로 찌르기 시작하자 도망치지 않으면 죽을 수 밖에 없겠다 싶어 팔꿈치로 옆집 사람을 건드리며 눈짓을 했다. 그리하여 우리 두 사람은 벌떡 일어나 문을 박차고 도망쳤다. 놈들이 쫓아와 총검으로 나를 찌르려 하자 나는 순간적으로 몸을 피했으므로 총검이 가슴 살을 찢으며 스쳐지나갔다. 나는 놈의 총자루를 붙잡고 놈을 땅바닥에 넘어뜨린 후 틈을 타서 뒷문으로 도망쳤다. 놈들이 잇달아 총을 두 방 쏘았으나 빗나갔다. 그리하여 나는 놈들의 총검과 총알을 피해 구사일생으로 살아남게 되었다.

바로 그날 저녁, 놈들은 평푸로보건소[오늘의 젠예(建鄴)병원]에 불을 질렀다. 불길이 세차게 번져지자 부근의 주민들이 불을 끄려고 달려왔다. 하지만 그들이 도착하자 옆 군영에 매복해 있던 일본 병사들이 담을 넘어 와 총검으로 불을 끄러 온 주민들을 마구 찔러 죽인 뒤 불길 속에 밀어넣는 것이었다. 어떤 사람들은 놈들에게 산 채로 불속에 밀려들어 타죽었다. 이 화재에 타 죽은 다왕푸샹 주민은 20여 명이나 되었다. 후에 보건소 페허에 가보니 까맣게 그을린 시체들만 이러저리 널려 있어 나는 그 참혹한 광경에 기가 막힐 뿐이었다.

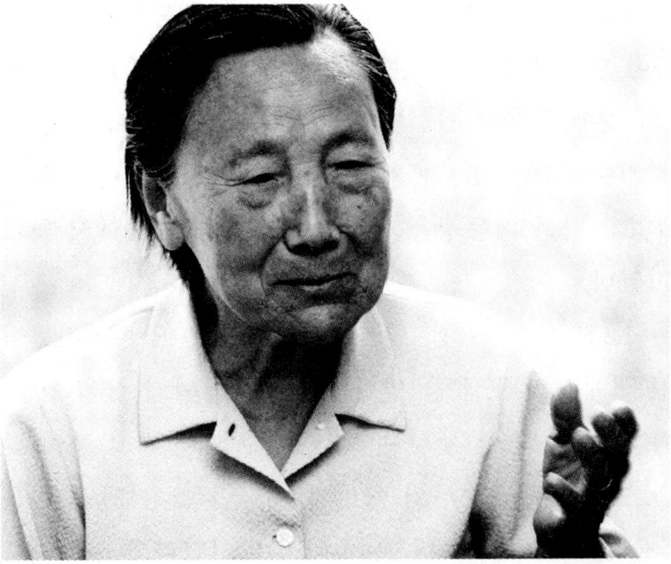

10. 샤수친(夏淑琴)의 회고——신루커우(新路口) 5번지 뜨락에서 감행한 일본군의 집단학살에 나는 세번이나 칼에 찔리고 가족 일곱명을 잃었다. 놈들은 이밖에도 이웃인 하궈량(哈國梁)일가의 네 사람을 살해하였다.

나는 샤수친이라고 하며 1929년 5월 난징에서 태어났다. 일본군이 난징을 침점할 때 우리 집은 모두 아홉식구였다. 당시 외조부 녜쥐청(聶佐成, 70여세), 외조모 녜저우씨(聶周氏, 70여세), 아버지 샤팅언(夏庭恩, 40여세), 어머니 샤녜씨(夏聶氏, 30여세), 큰 언니 샤수팡(夏淑芳, 16살), 둘째언니 샤수란(夏淑蘭, 14살), 큰 여동생 샤수윈(夏淑

芸, 4살), 작은 여동생 샤수펀(夏淑芬, 1살)과 8살이었던 나를 포함하여 일가족은 남부 신루커우 5번지一하(哈)씨 성 이슬람교도의 집에서 살고 있었다. 신루커우 5번지에서 나와 작은 여동생 샤수펀(夏淑芬)을 제외한 일가족 일곱 명이 놈들에게 살해되었고 나와 여동생은 사람들이 시체더미 속에서 찾아낸 두 아이였다.

1937년 12월 13일 오전, 약 30명가량 되는 일본병정들이 우리 집 문을 두드렸다. 문을 열어주던 하(哈)씨네 집 주인 하궈량(哈國梁)과 그의 아내 및 두 어린 딸은 당장에서 총에 맞아 죽었다. 그 참상을 본 나의 아버지 샤팅언(夏庭恩)은 놈들 앞에 무릎을 꿇고 다른 사람들은 죽이지 말아달라고 사정하다가 역시 사살되었다.

어머니(샤네씨)는 그만 겁에 질려 1살잡이 여동생 샤수펀을 안고 테이블 밑에 숨어들었지만 결국 놈들에게 끌려나오고 말았다.놈들은 어머니의 품에서 여동생을 빼앗아 땅바닥에 메어쳐 죽이더니 이어 어머니를 발가벗겨 윤간하고 나서 총검으로 찔러죽였을 뿐만 아니라 그것도 성차지 않아 하체에다 유리병을 밀어넣었다.

나중에 또 몇 놈이 옆방에 들어갔는데 그곳에는 외조부 녜쥐청, 외조모 녜저우씨, 그리고 두 언니가 있었다. 놈들이 두 언니를 겁탈하려 들자 외조부와 외조모는 죽기내기로 누나들을 보호하려다가 결국 참혹하게 살해당하고 말았다.

놈들은 두 언니의 옷을 마구 찢어벗기었고 언니들은 놈들에게 윤간당하였다. 큰 언니 샤수팡과 둘째언니 샤수란은 윤간당한 후 놈들의 총검에 살해되었다. 놈들은 또 외조모의 지팡이를 가져다 큰 언니의 하체에 밀어넣기까지 했다.

당시 침대위의 이불속에 숨어 있던 나는 겁에 질린 나머지 큰 소리로 울음을 터뜨렸다. 나의 울음소리를 듣고 놈들은 총검으로 내 잔등을 세번이나 찔렀다. 나는 당장 까무러치고 말았다. 얼마를 지났는지 나는 4살잡이 여동생 샤수윈의 울음소리에 깨어났다 주위엔 가족들의 시체가 이리저리 널려있었다. 우리 둘은 울면서 엄마를 찾았다.……

우리는 먹을 것을 찾아 여기저기를 뒤지다가 다행히 볶은 쌀과 누룽지를 찾아내었고 목이 마르면 물독에서 냉수를 떠다 마셨다. 그렇게 우리는 가족들의 시체와 함께 14일 동안 목숨을 부지했다. 나중에 우리는 '노인당(老人堂, 자선기구)'과 외삼촌의 손에서 자라게 되었다. 외삼촌네도 매우 가난하였으므로 나는 12살부터 생계를 위해 채소팔기도 하고 밖에 나가 품팔이도 하였다.

이렇게 아홉 식구였던 우리 가족은 순식간에 일곱이나 왜놈들에게 살해되었다. 생각만 해도 흐르는 눈물을 주체할 수가 없었고 너무 울어서 눈마저 잘 보이지 않았다.

1949년 10월, 신중국이 창건되면서 나는 새로운 삶을 살게 되었다. 1954년, 나는 장홍장(張鴻章)과 결혼을 하였고 현재 슬하에는 3 명의 자녀를 두고 있다.

11. 허서우장(何守江)의 회고——샤관(下關) 바오타(寶塔)교[1] 에서 일본군은 집단학살을 감행하면서 중국인을 핍박하여 다리 아래로 뛰어내리게 하고 기관총으로 700여 명을 사살하였다.

1 중국 침략 일본군이 난징 북부 샤관(下關) 바오타(寶塔)교에서 감행한 집단학살을 말함. 진촨(金川)강에 위치한 이 다리는 명(明)나라 초기에 건조되었다가 1875년에 재건했다. 원래는 좡위안(壯元)교라고 불렀으나 강기슭이 내려앉았고 후에 서쪽 연안에 작은 바오타(寶塔)진이 생겨나면서 바오타교로 개칭하게 되었다. 충칭(重慶)시 국민당 중앙조사통계국 직원이었던 천완루(陳萬祿)의 진술에 따르면 "바오타교에서 일본군이 학살한 무고한 청장년은 무려 3만여 명에 달했다" 고 한다.

1937년, 우리 집은 난징 북부의 샤관 바오타교 동쪽에 살고 있었다. 일본군이 난징을 침점할 때 바오타교 일대에는 미처 피난하지 못한 사람들이 약 4~5천 명가량 되었는데 홍만자회(紅卍字會)는 이들을 남녀별로 나누어 집결시켰다. 일본군은 오자마자 여하를 불문하고 난민들 가운데서 10여 명의 젊은 여자들을 끌고 가서 폭행하였다. 그후부터 많은 여자애들이 놈들에게 잡혀갈까 두려워 머리를 깎고 남장을 하였다.

일본군은 샤관을 강점한 이튿날(12월 14일), 700여 명의 중국인을 연이어 바오타교에 끌고가 강제로 다리에서 뛰어내리게 하였다. 다리가 워낙 높았으므로 먼저 뛰어내린 사람들은 대부분 떨어져 죽었고 나중에 뛰어내렸다가 죽지 않은 사람들은 기관총에 맞아 한 사람도 살아남지 못했다.

같은 날, 나는 놈들이 2천여 명의 시민들을 석탄항구의 큰 창고안에 가두어 놓는 것을 보았다. 그리고는 창고에다 휘발유를 끼얹고 불을 지르는 것이었다. 그 2천여 명은 결국 전부 불에 타죽고 말았다. 단 한사람 창고구석에 하수도가 있다는 것을 알고 있던 젊은이만이 손가락이 피투성이 되도록 바닥을 파서야 불에 타죽지 않고 하수도로 빠져나올 수 있었다. 그는 내가 알고 있는 유일한 생존자였다.

1938년 음력 정월 초나흗날(2월 3일), 나는 강북의 세쟈뎬(卸甲甸)에서 창강(長江)을 건너 어뢰영[鱼雷营, 오늘의 진링(金陵)조선소]에 갔더니 어디에나 온통 시체로 뒤덮여 있었다. 모두 놈들이 기관총으로 사살한 것이었다. 창강을 건넌 나는 허지(和記)외국상사 피난민 수용소에 숨어 더는 감히 밖으로 나오지 못하였다.

12. 궈슈란(郭秀蘭)의 회고——장룽챠오(張龍橋) 방공굴에서 일본군이 감행한 집단학살에 부모님과 작은 여동생이 피살되고 나와 둘째 여동생만 요행 살아 남았다.

나는 궈슈란이라고 하며 1932년에 태어났다. 1937년에 나는 할아버지 궈징화(郭敬華), 부모님, 그리고 두 여동생과 함께 베이전주샹(北珍珠巷)에 살고 있었다. 당시 할아버지는 40여 세였고 부모님은 20여 세, 나는 6살, 둘째동생은 3살, 막내 여동생은 태어난지 10개월밖에 안되었다. 부모님이 장사를 하였으므로 가정형편이 괜찮은 편이었다.

1937년 12월 13일, 일본

군이 시내로 쳐들어 온 후, 우리는 낮이면 방공굴에 숨어 있다가 날이 어두워진 뒤에야 밖으로 나오곤 하였다.

어느날 오전 9시경에 별안간 일본군 세 놈이 들이닥쳤다. 우리네 골목 안에 있던 사람들은 뿔뿔이 흩어져 몸을 숨기기에 바빴다. 부모님은 우리 세 자매를 데리고 100여 명의 이웃들과 함께 오늘의 장룽챠오(張龍橋)에서 멀지 않은 방공굴에 들어가 숨었고 할아버지는 그때 어디에 숨으셨는지 알 수 없었다. 하지만, 아기의 울음소리를 들은 놈들은 그 소리를 따라 방공굴을 찾아왔다. 그리고는 입구에다 기관총을 걸어놓고 굴속을 향해 약 반시간 가량 마구 쏘아댔다. 동굴 안은 쥐죽은 듯 조용해졌다. 나는 땅바닥에 납작 엎드려 꼼짝하지 않았다. 이때 빨간 솜옷을 입은 40여 세의 여자가 아들을 품에 안고 밖으로 기어나가다가 놈들에게 발각되었다. 놈들은 총검으로 그들 모자를 십여 차례 마구 찔렀다. 나는 맨 안쪽에 있었고 옆에는 이웃집 허샤오허(賀孝和)와 그의 어머니가 있었는데, 그는 나에게 움직이지 말라고 눈짓하였다. 한참 지나서 놈들은 더이상 기척이 없자 그냥 물러갔다.

저녁에 할아버지가 집에 돌아오시자 이웃 사람들이 우리가 방공굴에 있다고 알려드렸다. 할아버지는 낙루하시면서 한달음에 방공굴로 달려왔다. 할아버지는 들어서자마자 “따챠오(大巧)야, 따챠오!” (‘따챠오’는 나의 아명이었다.)하고 소리쳐 불렀다. 나는 할아버지의 부름에 얼른 대답하였다. 이렇게 할아버지는 나와 둘째 여동생을 구해냈고 또 허샤오허와 그의 어머니를 구출하였다. 그들은 온몸이 피투성이 되어 있었고 너무 놀란 나머지 허샤오허는 지금도 정신이 조금 멍청

한 편이다. 그제야 나는 부모님과 막내여동생이 놈들에게 살해되었음을 알게 되었다. 할아버지는 또 차이쯔성(蔡子盛)이라고 하는 남자를 업고 나왔는데 45세에 나는 그는 다리가 끊어져 걸을 수가 없었다. 할아버지는 그를 부근 절간에 업고 가서 간단히 상처를 동여매 주었다. 당시 방공굴에는 100여 명이 있었으나 구출된 사람은 겨우 10여 명밖에 안되었다. 다음날, 놈들은 다시 나타나 방공굴에다 휘발유를 붓고 불을 질러 시체를 태워버렸다. 큰 불길은 온 종일 타올랐고 나중에는 방공굴도 무너지고 말았다.

후에 우리는 할아버지와 함께 절간에서 7일간 묵었다. 할아버지는 세 차례나 역부로 놈들에게 잡혀갔다가 저녁에야 풀려나오곤 하였다. 하루는 할아버지가 또 놈들에게 잡혀갔다가 돌아오는 길에 궈자오웬(郭棗元)을 발견하였다. 항렬로 따지면 나에게 할아버지뻘이 되는 그이는 놈들의 손에 다리가 부러진데다 큰 눈이 내려 몸이 꽁꽁 얼어있었다. 할아버지가 그를 업고 와서 한동안 불을 쬐게 해서야 겨우 깨어났다.

해방 후, 나는 훠쥐(火炬)유리공장에서 일하였고 지금은 정년퇴직을 했다. 남편 후따청(胡大成)은 재작년에 세상을 떠났고 슬하에 아들 셋과 딸 둘이 있다. 나는 지금 셋째 아들과 함께 살고 있고 둘째 동생은 여전히 건재해 있다.

난징 교외에서 일본군의 집단학살을 경험한 8명 생존자의 회고록

오른쪽 네 번째가 장꾸이전

13. 장꾸이전(張桂珍)의 회고——유팡챠오(油坊橋)[1]에서 일본군이 감행한 집단학살에 우리 집은 10여 명의 식구가 살해되고 어린 아이 세 명만 살아 남았다. 나는 놈들의 개에 다리를 물렸고 35명이나 되는 마을 아이들이 강물에 던져져 익사하는 것을 목격했다.

1 유팡챠오(油坊橋)는 난징 서남쪽 교외의 시산챠오(西善橋) 북쪽, 강남철도[오늘의 닝우(寧蕪)철도] 서쪽의 유팡촌에 위치해 있다. 1937년 12월 12일, 일본군에게 붙잡힌 농민 덩쩌민(鄧澤民)이 넝런리(能仁里)에서 이곳까지 끌려와 총살되었다. 12월 14일, 시민 리지쑹(李吉松)이 이곳에서 말이 통하지 않아 일본군에게 총살되었다. 촌민 바이위란(白玉蘭)의 말에 의하면 12월에 일본군이 이곳을 점령한 후 언니 허우바이(侯白)씨가 놈들의 겁탈에 거세게 반항하자 놈들은 그가 사는 초막에 불을 질렀으며 언니가 불타고 있는 초막에서 기어나오자 놈들은 또 총검으로 찔러죽였다고 한다.

1937년 12월 초에 일본군이 난징을 강점했다. 난징의 많은 사람들이 피난을 떠났으나 우리 일가족은 갈 데가 없어 유팡챠오 부근의 움막에 숨어 있다가 놈들에게 발각되었다. 우리를 붙잡은 놈들은 어른은 몸을 수색한 뒤 기관총으로 사살하고 마을의 어린이 35명은 강물에 던져 익사하게 하였다. 우리 집 일가족 10여 명 중에서 어린이 3명만 겨우 살아남았다. 놈들이 집을 모조리 불태워 버렸으므로 우리는 움막에 살면서 동냥으로 연명하는 수 밖에 없었다.

어느날, 나는 벙어리 여자 두 명을 보았다. 그중 한 명은 성이 마(馬)씨, 13살 밖에 안 되었는 데, 놈들의 총에 맞아 죽었다. 그리고 유팡챠오의 한 웅덩이에 40여 명 사람이 묻혀있는 것을 보았는데, 정말 참혹하기 그지없었다! 한번은 왜놈들이 몇 명의 아이들을 발견하고는 손짓으로 불러다 사탕을 먹이더니 뒤이어 짠지를 먹으라고 강요 하였다. 짠지를 먹은 아이들은 어찌나 짠지 못견딜 지경이었지만 놈들은 아이들에게 물을 주지 않았다. 애들이 참다못해 갯바닥의 물을 마시는 것을 보더니 놈들은 좋아라고 너털웃음을 웃는 것이었다.

하루는 나의 두 누나가 강에서 배를 타고 연밥을 따다가 놈들에게 발각되었다. 놈들이 총으로 배를 쏘아 전복시키는 바람에 두 누나는 결국 강물에 빠져 죽었다.

나의 두 눈은 피난할 때 멀었으나 다행히 마음씨 착한 의사를 만나 치료를 받은 덕분에 한쪽 눈이나마 볼 수 있게 되었다. 그분이 아니었다면 두 눈이 다 실명되었을 것이다. 다리에는 아직도 흉터가 남아 있는데, 그것은 놈들이 개를 부추겨 물게 한 상처가 곪아서 생긴 것이다. 나는 왜놈들이 우리에게 저지른 죄악을 영원히 잊을 수 없다.

14. 탄춘위(談春餘)의 회고——쒀진(鎖金)촌1에서 일본군이 감행한 집단학살에 나는 둘째 삼촌 양런유(楊仁友)와 사촌형 탄춘산(談春山)이 놈들에게 살해되는 참상을 직접 목격하였다.

1 쒀진(鎖金)촌은 난징 근교의 동부, 쉔우(玄武)호 동쪽에 위치해 있다. 1937년 12월 27일, 이 지역의 주민 쉬정싱(徐正興)은 일본군에게 역부로 잡혀 콩을 주둔지까지 운반해 주었다. 그러나 그가 집으로 돌아갈 때가 되자 놈들은 그를 등뒤에서 사살했다. 주민 쑨(孫)할머니도 일본군에게 총살되었다. 12월 어느날, 놈들은 주민 양유런, 탄춘산 부자를 중국 수비군으로 몰아 총검으로 살해했다.

1937년 12월 13일, 일본 침략군이 난징을 강점하였을 때 나는 7살이었고 우리 집은 쒀진촌에 있었다. 놈들이 시내로 들어와 살인과 방화를 거리낌없이 저질렀으므로 나는 둘째 삼촌 양런유(양가집에다 양자로 보냈었다)와 사촌형 탄춘산(양런유의 아들, 당시 20세였음)이 놈들에게 살해되는 참상을 직접 목격했다.

나의 둘째 삼촌 탄춘산과 사촌형 양런유는 당시 난징시의 한 점포에서 점원으로 있었고 집은 쒀진챠오(鎖金橋)에 있었다. 12월의 어느 날이었다. 그들은 집이 걱정되어 쒀진촌에 남아있는 숙모를 보러 왔다가 하룻밤을 집에서 묵었다. 그런데 이튿날 아침 놈들이 마을로 쳐들어왔다. 미처 도망치지 못한 그들은 집 뒤에 미리 파놓은 땅굴로 들어갔다. 놈들은 마을에 들어오자마자 마을 사람들을 전부 끌어내어 일렬로 줄을 세운 다음 20여 명의 병사들이 총검으로 우리를 겨누게 하였다. 그리고 다른 한 무리는 곳곳을 찾아다니며 뒤지기 시작했다. 이윽고 땅굴을 발견한 놈들은 둘째 숙부와 사촌형을 끌어내어 훈계를 했다. 그리고 나서 병정 두 놈이 총검을 꽂아들고 둘째 숙부와 사촌형을 죽이려 하자 사태가 심상치 않음을 느낀 삼촌은 곧 몸을 피해 도망쳤다. 그러나 그 중 한놈이 100여m 가량 뒤쫓아 가서 총검으로 삼촌을 일곱 번이나 찔렀다. 놈은 땅에 쓰러진 삼촌이 아직 움직이는 것을 보더니 총창으로 한번 더 깊숙이 찔렀다. 삼촌은 그렇게 왜놈에게 무참히 살해되었다. 당시 사촌형도 호숫가로 도망쳐 물속에 뛰어들려다가 놈들의 총에 맞을가봐 다시 몸을 돌려 다른 데로 뛰었는 데, 역시 뒤쫓아 온 일본놈에게 배를 찔려 창자까지 흘러나와 그대로 숨지고 말았다. 놈들은 또 마을의 다른 사람들을 향해 집단학살을 감행하였다.

왼쪽 첫 번째가 쉬저우씨

15. 쉬저우(徐周)씨의 회고——일본군이 집단학살을 감행한 치샤산(栖霞山) 강샤(崗下)촌에서 나의 남편 왕리순(王立順)과 한 마을에 살던 20여 명 젊은이들이 기관총에 사살되었다.

우리 집은 원래 난징 교외의 북쪽, 치샤산 강샤촌에 살고 있었다. 나의 남편 왕리순은 난징시에서 신발을 만드는 제화공이었다. 일본군이 난징을 공략할 때 남편은 집으로 돌아왔다.

1937년 12월 14일, 일본군은 강샤촌 토벌에 나섰고 나와 남편은 마을에서 도망쳐 나왔다. 하지만 남편의 어린 사촌동생 둘(하나는 열 살, 다른 하나는 네 살이었는데 그들은 어려서 부모를 잃었으므로 우리가 보살피고 있었다)을 데리고 뛰다보니 빨리 뛸 수가 없어 결국 샤바챠오(下壩橋) 부근에서 놈들에게 붙잡히고 말았다. 우리가 놈들에게에 끌려 다시 마을어귀로 돌아와 보니 놈들은 이미 그곳에다 기관총을 걸어놓았고 밭에는 70~80명의 사람들이 무릎을 꿇고 있었다. 우리도 그들 속으로 끌려 들어갔다. 놈들은 총을 들고 칼을 휘두르며 뭐라고 고함을 지르면서 옷을 찢고 모자를 벗기며 중국 군인을 수색하는 것이었다. 그중 한 놈이 칼등을 내 목에 대고 긋는 시늉을 하기에 나는 겁에 질려 몸을 벌벌 떨었다. 놈들은 나의 남편 왕리순을 사람들 속에서 끌어내어 검사하였다. 왕리순은 워낙 제화공이라 매일 신을 손질하느라 손에 장알이 박히게 마련이었고 얼굴도 잘 생기고 체구도 우람졌으므로 놈들은 그를 중국 군인으로 의심하였다. 내가 아무리 사정하고 애걸복걸하여도 놈들은 알은 체 하지 않았고 나의 남편 왕리순과 20여 명의 젊은이들을 천쟈야오(陳家窯)촌 어구까지 끌고 가 기관총으로 전부 사살했다.

남편 왕리순은 당시 32세 밖에 안되었다. 얼마나 젊은 나이었는가! 저녁에 나는 대나무침대로 남편의 시체를 옮겨왔는데 온몸은 그대로 피투성이었다. 총알이 겨드랑이를 관통하였고 팔에도 칼자국이 두 개나 되었으며 손가락은 세 개나 잘려 있었다. 얼마나 참혹한 모습인가! 나는 왕리순의 시체를 끌어안고 한없이 슬프게 울었다.

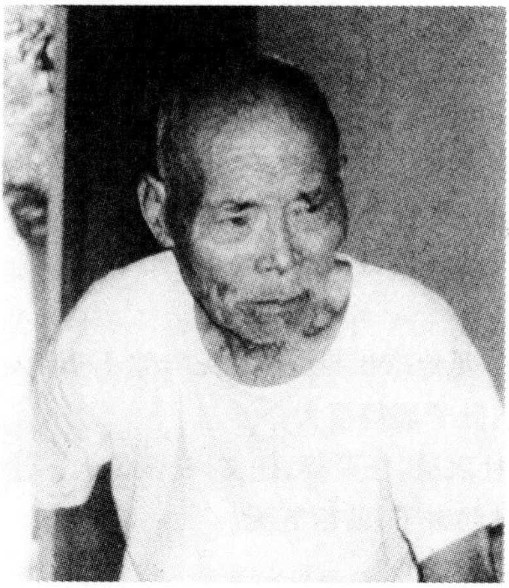

16. 류즈청(劉志誠)의 회고——쟝푸(江浦)에서 일본군이 감행한 집단학살에 무려 5000 명이 살해되고 나는 놈들의 칼에 찔렸다. 뿐만 아니라 나는 놈들이 사람을 죽이고 부녀자를 강간하는 것을 여러 차례나 목격했다.

우리 집은 예전에 난징 북부의 쟝푸현 화산(華山)촌 스먼쯔(石門子)에 살고 있었다. 1937년 일본놈들이 쳐들어 왔을 때 나는 21살이었고 집에는 어머니, 남동생이 있었으며 땔나무를 하고 물고기를 잡아 생계를 이어나갔다.

1937년 동짓달 열 하룻날(12월 13일), 놈들이 마을에 쳐들어 왔다. 놈들은 얼마나 흉악한 지 사람이 보이는대로 마구 칼을 휘둘러댔다. 길가에는 죽은 사람들의 시체가 수없이 널려 있었는데, 대부분이 중국 수비군이었고 일반 백성도 더러 있었다. 우리(五里)촌에서 쟝푸까지, 그리고 쟝푸의 동부 일대만 해도 약 5000 명이 살해되었다. 쟝푸현에서는 '홍깡(紅杠)' 과 '바이깡(白杠)' 이라는 시체매장팀을 조직하여 시체수거와 매장을 책임졌다.

류지장(劉繼章)이라고 하는, 물고기를 잡아 살아가는 사람이 있었는데, 집에는 아내와 두 딸, 그리고 아들 하나가 있었다. 그는 우리 집으로 피난을 왔다. 융닝(永寧)에서 온 왜놈들은 닥치는대로 돼지며 닭을 빼앗아 가고 처녀들을 붙잡아 갔다. 놈들은 도망치는 류지장의 두 딸을 보았으나 따라잡지 못하게 되자 류씨한테 내놓으라고 으르렁거렸다. 류씨가 말을 듣지 않자 놈들은 그를 땅에 꿇어앉게 하더니 뒤에서 총으로 머리를 쏴 죽였고 류씨의 다리가 계속 움직이자 다시 총검으로 류씨를 찔렀다. 류씨는 피살될 때 불과 40여 세였다. 류지장이 죽을 때 나도 옆에 있다가 엉덩이를 일본놈의 칼에 찔렸으나 다행히 솜바지가 두터워 상처가 깊지 않았다. 후에 나는 류지장의 두 딸을 데리고 싱뎬(星甸)으로 피난갔다.

한번은 놈들이 남자 8명과 여자 6명을 붙잡았는 데 그중에는 나도 들어있었다. 놈들은 남자들을 시켜 여자 6명을 끌고 오게 하였다. 융닝에 도착하자 남자 8명은 풀려났으나 여자들은 거기서 무참히 유린을 당하였다. 그중 한 여인은 송씨였고 다른 한 여인은 장씨였던 것으로 기억된다.

쑨충하이(孫沖海), 쑨충루(孫沖如) 형제는 사람들에게 모두 '쑨라오반(孫老板)' 이라고 불리는 회족사람이었다. 하루는 일본병정 네 놈이 마을에 쳐들어 왔다. 산속에 숨어 있던 한 여인이 소식을 전하자 쑨충하이는 권총을 뽑아들고 달려나갔다. 놈들은 그가 총을 들고 있는 것을 보더니 이내 도망쳐버렸다. 다음날 아침, 20여 명의 일본병정들이 쑨씨네 집을 포위하고 기름을 뿌린 뒤 불을 질렀다. 쑨씨 일가는 제때에 몸을 피하였으나 점원 한 명이 집에서 1리가량 떨어진 곳에서 소를 방목하다가 집에 불이 난 것을 보고 달려왔다가 그만 놈들에게 붙잡혔다. 놈들은 그를 땅에 꿇려 놓고 쇠망치로 머리를 쳐서 죽였다.

사랑채 쪽에 사람이 더 있었는 데 이름은 기억나지 않지만 갓 맞아들인 아내가 놈들에게 붙잡혀 끌려가는 것을 보고 아내를 구하려다가 역시 놈들의 식칼에 목을 잘리고 말았다.

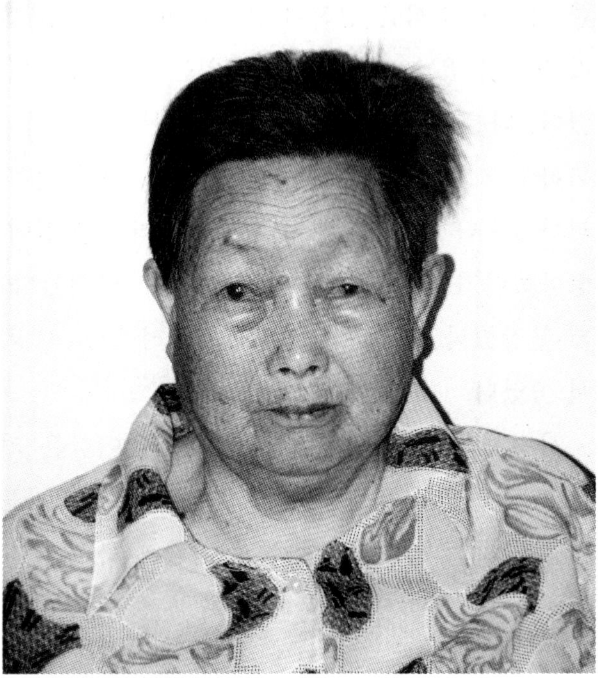

17. **메이서우란(梅壽蘭)의 회고**——메이쟈와(梅家洼)에서 일본군이 감행한 집단학살에 우리 가족 열 식구가 살해되었다.

나는 메이서우란(梅壽蘭)이라고 하며 1929년 12월 20일생으로 난징 교외에 살았다. 1937년 12월, 나는 9살이었고 당시 우리 집은 난징 교외 남부의 메이쟈와에 있었다. 그해 겨울, 일본군이 난징을 공격한다는 소식을 듣고 백성들은 너도나도 피난을 떠났다. 식솔이 많은 우리 집도 일본군이 온다는 소식에 남녀노소를 불문하고 30여 명이나 되는 식솔이 함께 사저우쉬(沙州圩), 즉 오늘의 중허챠오(中和橋) 부근까지 와서 친척집에서 하루밤을 지냈다.

1937년 12월 14일, 일본군이 사저우쉬로 쳐들어왔다. 총소리를 듣고 우리는 부랴부랴 다시 집으로 돌아왔다. 집에 도착한지 얼마 안되어 오후 4시나 되었을가, 말을 탄 일본병사 두 놈이 와서 마을을 한바퀴 빙 둘러보고는 그대로 돌아갔다. 뒤이어 한 무리의 일본군이 메이쟈와에 들어왔다. 놈들은 오자마자 두 마을 사람들을 전부 한곳에 모아놓고 두 손을 머리 위로 쳐들게 한 다음 사람들을 두 편으로 나누었다. 한 편은 청장년 남자들이었고 다른 한 편은 노인과 어린아이, 여자들이었다. 청장년 남성들은 놈들이 데려다가 나무를 패고, 물을 긷고 밥을 짓게 하였으며 나머지 노인과 어린아이, 여자들은 단칸 집에 몰아넣었다. 사람은 많고 방이 비좁아 서로 등을 맞대고 앉아야 했고 문어귀에는 일본병사가 망을 보고 있었다. 우리 식구들 중에 갇힌 사람은 나와 어머니 그리고 5살 된 남동생 메이서우팡(梅壽芳), 2살 된 여동생 메이서우잉(梅壽英) 모두 4명이었다.

해질 무렵이 되어 놈들은 남자들을 핍박하여 땔거리를 가져오게 하였다. 우리의 생계 도구인 농업용 수차며 목제 농기구와 가구 등을 끌어내다가는 전부 장작으로 패서 불을 피우고 밥을 짓게 하였다. 놈들은 생선을 먹기 위해 수류탄을 연못에 던졌다. 물고기들이 하얗게 물위로 떠오르자 숙부 메우푸쑹(梅福松)과 몇 명의 당숙을 시켜 강에 들어가 물고기를 건져오게 하였다. 온통 눈으로 뒤덮인 엄동설한에 물 속으로 들어갔던 나의 숙부들은 온몸이 새파랗게 질려 하마트면 얼어죽을 번 하였으나 놈들은 따뜻한 방에서 불을 쬐며 즐기고 있었다.

밤이 되자 배불리 처먹고 난 놈들은 총검을 꼬나들고 손전등을 켜들더니 여자들이 갇힌 방에 들어와서 뭐라고 짖거려대면서 젊고 이쁘장한 여자들을 골라 하나씩 일본병사들이 묵고 있는 방으로 끌고 가 잔인무도하게 겁탈했다. 젊은 여자들 치고 거의 모두가 그들의 마수에서 벗어나지 못하였다. 남은 노인과 어린아이, 그리고 미처 끌려가지 않은 여자들은 겁에 질려 어쩔 바를 몰랐다. 재난이 또다시 닥칠까 두려워진 우리는 밤이 깊어 캄캄해지고 보초병이 꾸벅꾸벅 졸고 있는 틈을 타서 죽음을 각오하고 살금살금 한 사람씩 방에서 빠져나왔는데, 기적같이 2,30 명이 모두 탈출에 성공하였고 뒷산에서 다시 사방으로 흩어졌다.

나의 어머니는 나와 동생들을 데리고 힘겹게 10여리 밖에 있는 장닝(江寧)현 저우춘(周村)에 도착하여 몸을 숨겼다. 아마 사흘이 지난 후였던가, 우리는 메이쟈와의 집에 큰일이 났다는 소식을 듣고 급히 돌아와 보니 가족들은 피살되고 집은 불에 타버렸었다. 참으로 기막힌 참상이었다.

우리가 도망친 이튿날(12월 15일), 마을에서 대학살이 벌어졌던 것이다. 가증스럽기 짝이 없는 왜놈들은 하루에 10여 명이나 살해하였다. 15일 아침에 여자들과 어린이가 전부 도망친 사실을 알고 악에 바친 놈들은 메이자와에 남아 자기들에게 일을 해주던 남자들을 모두 잡아들여 놓고 그들이 일부러 놓아주었다고 하면서 미친듯이 보복한 것이었다. 당시 잡힌 사람들 중에는 조부 메이창칭(梅長青, 65세), 둘째 숙부 메이푸쑹(33세), 셋째 숙부 메이푸캉(梅福康, 16세), 형님 메이서우밍(梅壽明, 14세), 당숙 메이푸차이(梅福財, 33세), 당숙 메이푸웬(梅福源, 31세), 당숙 메우푸화(梅福華, 25세), 당숙 메이푸췐(梅福全, 22세), 그리고 집에서 일하던 인부(주로 농사 일을 도왔음) 왕씨(42세)와 장씨(40세)가 있었다. 놈들은 그들을 우리 집 뒤쪽의 비탈밭 웅덩이로 끌고 가 마을에서 햇볕에 널어말리던 무명을 찢어 포승줄을 만들어 이들의 팔을 한데 묶고 빙 둘러서게 했다. 그리고는 멀찍이 서서 그들을 향해 수류탄을 던지자 삽시에 사람들의 피와 살이 사방으로 뿌려졌다. 극악무도한 놈들은 그러고도 행여나 생존자가 있지 않을가 하여 총검으로 일일이 더 찔러보며 확인을 하는 것이었다.

이번 참사에서 유일하게 살아남은 셋째 숙부 메이푸캉은 비분에 넘쳐 우리에게 당시의 상황을 들려주었다. 82세 고령인 증조할머니 메이저우(梅周)씨는 사람을 체포하는 왜놈 병사를 죽기내기로 막아나서다가 놈의 총검에 무참히 찔려 돌아가셨고, 수류탄을 던진 후 당시 14살밖에 안된 메이서우밍은 당장 죽지 않고 극심한 아픔에 비명을 지르자 병정 한 놈이 나서서 총검으로 그를 몇 번을 더 찔러 죽였다고 한다. 총명한 셋째 숙부 메이푸캉은 소리를 냈다간 필연코 죽게 될 것을 알고 극심한 고통을 참으며 꼼짝달싹하지 않았으므로 겨우 목숨을 부지할 수 있었다. 셋째 숙부는 총검에 입술, 가슴, 등을 세번 찔렸다.

놈들은 그렇게 많은 사람을 죽이고도 성차지 않아 미친듯이 우리 집과 숙부네 집의 10여 칸 기와집과 3칸의 초가집을 모조리 불에 태워버렸다. 나는 우리 집 가족들이 피살되고 집이 타서 풍지박산이 되는 참상을 그저 눈을 뜨고 보고 있는 수밖에 없었다.

그날, 나의 아버지 메이푸신(梅福鑫)은 놈들에게 끌려가 위쟈와(餘家洼)에서 일을 하노라 죽지는 않았지만 살인 방화 현장이 멀지 않았으므로 가족들이 피살되고 집이 불타는 정경을 뻔히 보면서도 감히 내색조차 못하였고 달려가 사람을 구하고 불을 끄는 것은 엄두도 못내었으니 뼈에 사무치는 그 아픔이 어떠하였을까는 알고도 남음이 있다.

놈들이 철퇴 명령을 받고 물러가고 난 뒤에야 아버지는 위쟈와를 떠나 집까지 한달음에 달려왔지만 집은 이미 다 타버리고 폐허만 남았었다. 아버지는 밭에 사람들이 무더기로 널려 있는 것을 보고 울부짖으며 달려갔다. 셋째 숙부 메이푸캉이 겨우 숨이 붙어 있고 물을 달라며 신음소리를 내었다. 아버지가 급히 냉수 한사발을 가져다 마시게 해서야 셋째 숙부는 구사일생으로 살아날 수 있었다. 하지만 너무 놀란 때문인지 아니면 부상을 당한 후 찬물을 마셔서인지 그후로는 목이 쉬고 말도 제대로 못하였다.

놈들은 우리 집과 숙부댁 식구, 그리고 일꾼까지 모두 10여 명이나 죽였다. 청장년 남자들은 거의 다 죽었고 집도 다 타버렸다. 숙모들은 집안이 망하고 의탁할 곳이 없게 되자 어떤 이는 지나친 우울증으로 세상을 뜨고 어떤 이는 살길을 찾아 재가했다.

참사가 있은 후 아버지 메이푸신은 죽고 싶을 만큼 괴로웠지만 간신히 참고 위쟈와의 고향사람인 위라오쓰(虞老四)에게 도움을 청하여 웅덩이를 파고 가족들을 묻기로 했다. 여러 날 무덤을 파고 나서 힘들게 널판자를 구하여 시체마다 한장은 깔고 한장은 덮어 관을 대신하였는데 일주일은 넘게 걸렸다. 그 과정을 어머니와 나, 동생들은 울부짖으며 지켜봤다. 지금도 그 큰 무덤은 남아있다. 피비린내 나는 그 역사적 죄행을 증명하듯이.

18. 쉐완하이(薛萬海)의 회고——왕허우(王后)촌에서 일본군이 감행한 집단학살에 나의 가족 5명과 마을 주민 5명이 놈들에게 살해되었다.

나는 범띠생이므로 피난 당시 12살이었다. 1937년 동짓달 열 하룻날(12월 13일), 일본군은 오자마자 왕허우촌 사당에서 나의 아버지를 살해했다. 나는 외숙부와 함께 도망을 하였고 어머니는 이틀다 지나서야 집으로 돌아오셨다. 우리는 서쪽 마을 뒤쪽에 있는 작은 산으로 올라가 피신하였다.

우리가 살던 왕허우촌에는 놈들에게 살해된 사람이 매우 많았다. 우리 집 친인척만도 5명이나 되었 다.

쉐지푸(薛繼福), 아버지,

49세;

쉐지신(薛繼心), 삼촌, 40여세;

쉐지산(薛繼山), 막내삼촌;

쉐지린(薛繼林), 큰아버지, 50여세;

쉐허상(薛 "和尙"), 큰형, 28세, '허상' 은 별명이었고 이름은 기억나지 않는다.

이밖에 또 5명이 살해되었는데 역시 우리 마을 사람이었다.

쉐룬푸(薛倫福), 우리 집안 할아버지, 60여 세;

쉐창성(薛長生), 집안 숙부, 30여 세, 맏이였고 아이가 1명 있었는 데 누군가가 안아갔다.

쉐창×(薛常×), 집안 숙부, 항렬이 둘째였고, 20여 세, 자녀가 없었다.

쉐창×(薛常×), 아명 '샤오쓰허우(小四猴)', 셋째, 20세;

상기한 네 분은 한 가족이었다.

쉐룬×(薛倫×), 마을 서쪽에 살고 있었고 맏이였는데 나보다 10살 이상이었다.

이밖에 쉬씨(徐家)가문 사람으로 쑤황터우(蘇黃頭)의 아들이 있었는데 22세로, 기혼자였다. 이름은 알수 없고 '황터우(黃頭)란 그의 별명이었다.

19. 야오슈잉(姚秀英)의 회고——싸이홍챠오(賽虹橋)에서 일본군이 감행한 집단 학살에 우리 가족 5명이 살해되었다.

1937년, 우리 집은 중화먼(中華門) 뚱간창샹(東幹長巷)에 있었고 집에는 할아버지, 할머니, 아버지, 어머니, 언니, 동생과 나 이렇게 다섯 식구가 함께 살았다.

난징이 함락되기에 앞서 우리 집은 난징 남쪽 교외 남부에 있는 싸이홍챠오(賽虹橋) 부근으로 이사를 갔다. 그곳은 매우 황량한 곳이었다. 우리는 대나무밭 부근에 오두막을 짓고 정착했다. 반달가량 지나서 일본군이 쳐들어 오자 우리는 방공굴로 피신했는데 그곳에는 이미 7~80여 명 사람들이 들어 차 있었다. 놈들이 방공굴에 대고 기관총을 쏘았다. 나의 어머니와 언니, 여동생, 남동생은 모두 총에 맞아 죽었고 나는 시체더미 밑에 깔려 요행 살아 남았다. 할아버지는 총에 맞아 부상을 입었고 아버지는 문뒤에 숨었다가 요행 살아 남게 되었다.

날이 어두워지고 놈들이 물러가자 아버지는 나를 시체더미에서 끌어내고 어머니, 언니와 여동생, 남동생의 시체를 우리가 살던 곳으로 옮겨왔다. 우리는 집에서 하염없이 울고 또 울었다. 이튿날 날이 밝자 놈들은 우리의 울음소리를 듣고 또 우리가 있는 곳으로 다가왔다. 아버지는 상처를 입은 할아버지를 업고 피신하려고 하였으나 할아버지는 한사코 말리며 자기를 문어구에 놓아달라고 하였다. 아버지와 할머니는 나를 데리고 집뒤의 대나무 밭으로 가서 웅덩이에 몸을 숨겼다. 우리는 할아버지가 놈들의 칼에 찔려 창자까지 흘러나오는 참상을 볼 수 있었다. 놈들이 물러간 뒤에 우리가 달려갔을 때는 할아버지가 이미 숨을 거둔 뒤였다.

우리는 시내에 난민(안전)구역이 있다는 말을 듣고 시내로 들어갔다. 길에는 온통 시체로 뒤덮여 있었다. 성문입구에서 아버지는 왜놈병사에게 따귀를 맞았고 나는 아버지를 부둥켜 안고 살려달라고 빌었다. 놈은 나중에야 우리를 들여보내 주었다. 시내에 들어간 우리는 고모와 외할머니를 찾았고 피난민구역에 간이막사를 짓고 약 한 달남짓이 지냈다. 할머니는 자주 나가서 죽을 얻어왔고 점포 같은 곳을 찾아돌면서 이것

저것 먹을 것들을 구해왔다.

정세가 조금 안정되어 할머니와 아버지는 나를 데리고 싸이홍교에 있는 집으로 돌아갔지만 우리 집은 이미 불에 타버리고 없었다. 아버지는 관을 몇 개 구해서 큰 웅덩이를 파고 어머니랑 여러 식구들의 사체를 묻었는데 시간이 오래 지난 뒤라 시체가 이미 부패된 상태였다.

20. 류스하이(劉世海)의 회고——장둥먼(江東門)에서 일본군이 감행한 집단학살에 나는 목에 칼을 맞았으나 요행 살아 남았다.

1936년, 국민당 제5군단에 입대한 나는 이듬해에 상하이에서 일본군과 싸우다가 난징으로 퇴각하였다. 일본군이 난징시까지 쳐들어 올 때, 나는 남쪽 교외의 위화타이(雨花台)에서 일본군과 3일간 전투를 견지하다가 결국 부대가 흩어지고 말았다. 1937년 12월 13일, 우리는 북부의 샤관(下關) 강변으로 피신하여 강을 건너려고 하였으나 배가 없어 건널 수가 없었다.

나는 안후이(安徽)출신이므로 안후이로 도망치는 대오에 합류하였다. 12월 16일 오전, 우리 일행 50여 명은 북쪽 교외의 싼차허

(三汊河)에서 서쪽 교외의 쟝둥먼으로 가서 우호(蕪湖) 방향으로 빠져 나갈 계획이었다. 길에는 살해된 시체들이 여기저기 널려 있었고 한 전봇대에는 7~8구의 시체가 거꾸로 매달려 있었다. 놈들은 사람을 철사로 쇄골을 꿰어 한데 묶어놓았는데 그중에는 남자, 여자, 그리고 어린애도 있었다. 앞으로 더 가며 보니 죽은 사람들이 더 많았다.

12월 16일 오후, 우리는 쟝둥먼에 이르렀다. 육군모범감옥 문앞(오늘의 난징대학살 희생자기념관 북쪽)에서 한 무리 일본 병사들이 우리를 막아나섰다. 우리가 백기를 들어 그들에게 보이면서 '우리는 투항한 군인' 이라고 했으나 놈들은 다짜고짜 우리를 감옥 동쪽에 있는 채소밭으로 끌고가서 일렬로 줄을 서게 하였다. 옆에는 50~60명 일본병정들이 둘러서 있었는데 그들 중 10여 명은 군도를 들고 있었고 다른 병정들은 모두 총검을 들고 있었다. 놈들은 별안간 우리를 향해 달려오더니 군도며 총검으로 마구 찌르기 시작하였다. 나는 목을 칼에 찔리었다. 마지막까지 기억에 남은 것은 군도를 높이 쳐들고 나를 향해 내리찍던 왜놈의 흉악한 모습이었다. 그리고는 아무것도 몰랐다.

내가 깨어났을 때는 이미 날이 어두웠고 몸은 2구의 시체 밑에 깔린 상태였다. 가까스로 시체를 밀어치고 일어나보니 다행히 상처가 깊지 않아 피가 이미 멎어있었다. 날이 밝지 않은 틈을 타서 나는 서둘러 그곳을 벗어났다. 약 250미터가량 나아가니 웬 방공굴이 보였으므로 그 안으로 숨어들었다. 17일 아침, 날이 밝자 놈들이 또 나타났다. 일본말로 뭐라고 한참 고함을 질렀는 데 아마 '어서 나오라' 고 하는 것 같았다. 동굴이 깊고 어두워 아무것도 보이지 않자 놈들은 한참 고함을 지르고 나서 가버렸다.

이번 참사는 동짓달 열 나흗날(12월 16일)과 동짓달 보름날(12월 17일)에 발생했었다. 동행했던 50여 명 중에서 나 혼자밖에 살아 남지 못했다. 아직도 나의 목에는 약 10cm 되는 칼바국이 흉터로 남아 있다.

창강(長江) 기슭에서 일본군의 집단학살을 경험한 6명 생존자의 회고록

21. 류융싱(劉永興)의 회고——창강(長江)기슭의 중산(中山)부두[1]에서 일본군이 감행한 집단학살에 나는 뼈를 에이는 듯이 차거운 강물에 하룻밤을 꼬박 몸을 숨겨서야 겨우 살아남았다.

---

1 중국 침략 일본군이 난징 북부에 있는 샤관(下關) 창강(長江)기슭의 중산(中山)부두에서 감행한 집단학살을 말함. 중산부두는 난징 샤관 중산북로 북부 구간의 서쪽 끝 창강기슭에 있다. 1929년 진푸(津浦)철도국의 기획으로 건설되어 1935년에 완공되었다. 초기에는 진푸철도 서우두(首都)부두라 명명하였다가 후에 중산부두라고 개명하였다. 1937년 12월 16일 해질무렵, 일본군은 국제안전구역의 화교초대소에서 무장을 해제한 중국군인과 평민 5천여 명을 이 부두 강변으로 압송하고 트럭 2대에 가득 실어온 포승줄로 이들의 두 손을 등뒤로 묶은 뒤 기관총으로 소사하였다. 강에 뛰어들어 도망하려는 일부 사람들은 예외없이 총으로 쏴 죽였고 강에다 수류탄을 던져 죽이기도 했다. 그리고 사체에 휘발유를 붓고 불에 태웠으며 채 죽지 않은 사람에게는 총검으로 난도질을 했다. 이번 대학살에서 살아 남은 량팅팡(梁廷芳)과 바이쩡룽(白增榮)은 당시 강에 뛰어들어 요행 위험에서 벗어날 수 있었다. 후에 량팅팡은 1946년 6월 초청에 의해 극동국제군사법정에 나서서 난징대학살의 피해사를 증언하였다. 량팅팡과 바이쩡룽은 같은 해 10월, 중국 난징 전범심판 군사법정에도 공동성명으로 보고서를 제출하였고 자신이 몸소 겪은 경력으로 일본군의 난징대학살 폭행을 폭로, 규탄하였다.

1937년 12월 11일, 일본군이 시내로 쳐들어왔다. 그 당시 우리 집은 장쟈야(張家衙) 19번지에 살고 있었고 직업은 재봉사였다. 집에는 62세의 부친과 61세의 모친이 계셨고 슬하에 21살 나는 동생과 19살 나는 아내가 있어 식구가 모두 다섯이었다. 당시 나는 24살이었고 그해 8월에 갓 결혼했었다. 1937년 동짓달 초 열흘날(12월 12일) 오전에 우리 식구는 함께 국제안전구역 따팡샹(大方巷) 14번지 뒤에 있는 피난민 수용소로 피난하였다.

동짓달 열 나흗날(12월 16일)은 맑은 날씨였다. 하지만 우리 식구는 집안에 숨어서 감히 나오지 못하였다. 오후 세시쯤 되었을까, 일본병사 한 놈이 나타나 나와 동생에게 손짓하며 따라오라고 하였다. 우리가 부득이 따라갈 수밖에 없었던 것은 첸(錢)씨 성의 서당 훈장이 일본병정의 명령을 따르지 않았다가 총살되는 것을 보았기 때문이었다. 문을 나서자 매국노 통역 한 놈이 우리에게 샤관(下關) 중산부두에 있는 배에 가서 도쿄로부터 운송된 물품을 운반하라는 것이었다. 우리와 함께 끌려나온 사람들 중에는 우리 집 부근에 살던 30여 명도 섞여있었다. 우리는 먼저 광장으로 끌려갔다. 날이 어두워질 무렵 광장에는 이미 사람들로 빼곡이 차있었다. 놈들은 우리더러 6~8명씩 한 줄로 서서 중산부두로 걸어가게 하였다.

나와 동생은 서민대오의 앞에서 걸었으므로 나는 한 무리의 일본군이 총을 들고 맨 앞에서 걷고 뒤이어 30여 명의 포로된 국민당 군경들이 따르고 그 뒤에야 잡혀온 우리 백성들임을 알아보았다. 대오의 양켠에는 일본병정들이 감시하고 있었고 30여 정의 기관총을 말들이 끌고 있었고 대오의 뒤끝에는 말을 탄 일본군 군관이 따르고 있었다. 가는 도중에 우리는 길가에 많은 남녀노소의 시체들이 널려 있는 것을 보았는 데 대부분이 일반 백성이었고 일부는 중국 군인들이었다.

샤관부두의 강변에 도착해 보니 놈들에게 잡혀온 사람이 무려 수천 명에 달하였다 놈들은 우리더러 강변에 앉으라고 하였고 주변에는 기관총이 세워져 있었다. 나는 심상치 않은 기미를 직감했다. 아마도 학살하려나보다, 그리고 놈들에게 맞아죽느니 강에 뛰어들어 자살하는 편이 낫겠다고 생각한 나는 옆사람과 함께 강물에 뛰어들자고 모의하였다. 놈들은 뒤에서 사람들을 결박한 뒤 기관총으로 소사하기 시작하였다. 이때는 날이 이미 어두워지고 달이 떠올랐으므로 많은 사람들은 다투어 강물에 뛰어들었고 나와 동생도 뛰어들었다. 다급해진 놈들은 기관총으로 계속 사격하는 외에 강에다 수류탄을 던지기 시작하였다. 강에 뛰어든 사람들은 더러는 수류탄 폭발에 맞아 죽었고 더러는 온몸에 상처를 입었으므로 비명소리, 고함소리로 온통 수라장을 이루었다. 한동안의 혼란이 지나고 보니 나는 동생과 흩어져 있었고 그 뒤로 다시는 동생을 찾지 못하였다. 나는 물결에 밀려 군함이 있는 데까지 왔다가 나중에는 파도에 밀려 강변으로 올라왔다. 나는 한 사체 위에 엎드린 채 겁에 질려 옴짝달싹 못하였다. 갑자기 총알이 내 등위를 스쳐 지나며 입고있던 솜옷을 찢어놓았고 맹렬한 기관총 소리에 귀가 멍멍해졌다. 그 후로 내귀는 지금까지도 소리를 잘 듣지 못하고 있다. 기관총 사격이 있은 뒤 놈들은 또 사체더미에다 휘발유를 붓고 불을 질러 그 흔적을 없애려 하였다. 밤이 되자 놈들은 강변을 지키면서 강변에 떠오른 시체를 보는족족 총검으로 마구 찔렀다. 나는 강변에서 조금 멀리 떨어져 있었으므로 총검이 닿지 않아 겨우 살아 남게 되었다.

날이 밝을 무렵에 내가 강변에서 언덕으로 올라와 보니 살아남은 사람은 10명도 채 되지 않았다. 기슭에 있던 사람들은 모두 불에 타서 보기만 해도 참혹하기 그지 없었다. 그때 나는 온 밤을 물속에 잠겨있다보니 온몸이 마비되어 두려움도 모르게 되었다. 나는 죽은 사람의 옷을 갈아입고 한 농민이 파놓은 방공굴에 기어들어가 하루 내내 숨어 있었다. 먹을 것도 없고 마실 물도 없다보니 기갈이 심하였다. 동짓달 보름날(12월 17일), 날이 어두워지자 나는 방공굴에서 기어나왔으나 길을 몰랐으므로 무작정 달렸다. 싼숴(三所)촌에 이르러 보니 그곳에 비구니암자가 있고 암자 부근에 적지 않은 농민들이 살고 있었다. 여러 가지로 사정한 끝에 그들과 함께 살게 되었다. 후에 나는 또 놈들에게 역부로 붙잡혀 물을 끓이고 밥을 지어주다가 양력(1938년) 2월 28일에야 풀려나 집으로 돌아올 수 있었다.

동생이 잡혀간 뒤로 아버지는 늘 지팡이를 짚고 사처로 찾아다녔지만 동생은 다시 돌아오지 않았다. 아마 그 집단학살 때에 살해된 것으로 추정된다. 먼 훗날에야 나는 그 때 중산부두 대학살을 감행한 자들이 바로 나카지마 부대라는 사실을 알게 되었다.

22. 천더꾸이(陳德貴)의 회고——창강(長江) 연안의 석탄항구에서 일본군이 감행한 집단학살에 나는 물속에 종일 숨어 있다가 겨우 살아 남았다.

1937년 12월 12일, 나는 수많은 피난민 행렬을 따라 샤관의 '허지(和記)외국상사"'로 피난을 갔다. 그 때 나는 15살이었다.

13일, 난징을 침점한 일본군은 샤관에 도착한 후 우리 피난민들을 발견하고는 모두 한곳에 집중시켰다. 놈들은 대야 2개를 가져다 놓고 우리에게 손목시계며 반지 등 귀중품들을 전부 대야에다 내놓으라고 하였다. 이튿날(14일), 놈들은 피난민들 속에서 2,800명의 청년들을 체포하여 석탄항구에 있는 한 창고로 끌고가 안에다 가두어 놓더니 총을 들고 대문을 지켰다. 사흗날(15일) 새벽, 놈들은 창고에서 10여 명의 청년들을 불러내어 창강 연안의 석탄항구 입구로 끌고가서 물속에 세워놓더니 조금 지나서 한바탕 총소리가 울렸다. 그리고는 또 10여 명을 불러내더니 또 한바탕 총소리가 울렸다. 나는 놈들이 우리 동포를 사살하고 있음을 직감했다. 놈들이 다시 들어와 10여 명을 불러냈는데, 그중에는 나도 포함되었다. 나는 물속에 들어섰고 놈들이 총을 들어 사격하려는 순간 물속으로 뛰어들었다. 그리고는 물속으로 건너편의 파괴된 열차바구니가 있는데까지 헤염쳐 갔다. 나는 대안의 놈들을 볼 수 있었으나 놈들은 나를 발견하지 못하였다. 나는 열차칸에 숨어서 아주 많은 피난민들이 아침부터 저녁까지 놈들에게 사살되는 것을 두눈으로 똑똑히 보았다. 마지막에 놈들은 600~700명을 한꺼번에 강가로 압송해서는 기관총으로 집단학살을 감행하는 것이었다.

밤이 되어 놈들이 물러간 뒤에야 나는 열차칸에서 나와 다리밑까지 갔다. 물속에 하루 종일 잠겨있었던 탓으로 온몸이 추위에 몹시 떨렸다. 나는 피난민들이 흘리고 간 담요로 몸을 감싸고 머리까지 두른 뒤에 시체더미속에 누워 잠을 청했다. 이튿날(16일), 일본병정 몇 놈이 다리목을 지나다가 벌벌 떨고있는 나를 발견하고는 총을 쏘았는 데 총알이 나의 허벅지를 관통하고 왼손 약지에 상처를 입었다. 지금도 나의 다리와 왼손 약지에 흉터가 남아있다. 사흘째 되는 날(17일), 시체를 묻으러 온 부역꾼이 살아 있는 나를 발견하고 구해준 덕분에 겨우 살아 남을 수 있었다.

23. 주더화(朱德華)의 회고——창강(長江)기슭의 위레이잉(魚雷營)[1]에서 일본군이 감행한 집단학살에 나의 친동생 주더췐(朱德全)이 난도질에 죽었고 사체마저 창강에 버려졌다.

1937년 12월, 나의 동생 주더췐(27세)은 당시 난징 샤관냉동공장 취사원이었다. 일본군의 난징대학살 소식을 듣고 목숨을 부지하고자(12월 15일) 난징 샤관의 위레이잉[오늘의 진링(金陵)조선소] 부근의 강변에 이르러 강을 건너 강북으로 도망치려 하였다. 그런데 사람은 많고 배는 적어 배가 오기를 기다리던 중 일본군의 집단학살에 말려들었다. 놈들은 총검으로 사람을 마구 찔러 죽인 후 시체를 창강에 던지었다.

1937년 12월 13일, 이웃인 천스더(陳士德, 남, 40세, 농민)도 놈들에게 강제로 끌려가 잔혹하게 살해되었는 데 시체조차 찾지 못하였다.

1938년 1월말, 나의 의형 류위칭(劉玉淸, 남, 40세 정도, 샤관냉동공장 노동

1 중국 침략 일본군은 난징시 샤관(下關) 창강(長江) 기슭의 위레이잉(魚雷營) 일대에서 집단학살을 감행했다. 위레이잉은 난징시 샤관 강변과 지양항(記洋行) 동쪽, 라오후(老虎)산 아래의 상웬먼(上元門) 부근에 위치해 있었다. 국민정부가 1937년에 이곳에 해군기지를 건설하고 어뢰부대를 주둔시켰으므로 지어진 이름이다. 같은 해 12월 15일, 포대 병사였던 인유위(殷有餘) 등 포로된 장병과 민중 300여 명이 일본군에 의해 상웬먼에서 위레이잉으로 압송되었는 데 이때 이곳에는 이미 9천여 명의 포로된 군민이 모여 있었다. 일본군은 4정의 기관총으로 소사하였고 죽지 않은 사람은 총검으로 찌르고 불을 질러 태워죽였다. 인유위 등 9명은 시체더미에 엎드려 다행이 화를 면하였다. 엔즈지(燕子磯)진 제5보 보장인 양카이지(楊開基)는 전쟁 후 결문(結文)을 제공하여 자기네 보의 농민 후꾸이린(胡桂林), 리웬룽(李元龍), 장위산(張玉山), 리싱퉈(李興托) 등 4명이 이번 집단학살에 피살되었음을 증언하였다.

자)는 놈들의 길잡이로 끌려갔다가 결국은 무참히 살해되었고 시체도 찾지 못하였다.

1938년 2월, 이웃집 천스시(陳士喜, 남, 28세, 난징 샤관냉동공장 노동자)는 집에 있었는데, 일본병정 두 놈이 들이닥쳐 형수를 겁탈하려 했다. 천스시가 막아나서자 놈들은 그를 지금의 톈원(天文)공장 냉동시설 쪽으로 끌고가 무릎을 꿇게 하고는 총으로 머리를 쏘아 죽였다.

24. 뤄중양(駱中洋)의 회고——싼차허(三汊河)[1] 에서 일본군이 감행한 집단학살에 중국 수비병 뤄중양(駱中洋)은 요행 살아남았다.

1937년 12월, 그는 국민혁명군 제83군단의 제156사단 제931여단에서 군 복무를 하였다. 그는 이렇게 증언하였다.

"12일 부대가 철수하자 나는 대오에서 떨어졌고 나중에 일본군에게 포로되었다. 12월 17일, 일본군은 난징 북쪽 교외의 산차허기슭에서 대학살을 감행하였다. 학살을 시작하기 전에 놈들은 다리에 찬 각반을 풀어 10명씩 일렬로 묶어 싼차허기슭으로 끌고가더니 총검으로 찔러 죽인 뒤 사체를 강물에 처넣는 것이었다. 해가 진 뒤에는 나머지 약 30%의 포로병을 강변으로 끌고가서 기관총으로 사살하였다. 두 차례에 걸쳐 붙잡힌 2만여 명의 군민이 이렇게 살해되었다. 나와 다른 한 동료는 어둠을 타서 도망쳤기 때문에 화를 면할 수 있었다."

---

1 샤관(下關) 싼차허(三汊河), 강 이름이자 거리 이름이다. 난징 서북부 친화이허(秦淮河) 입구에 위치한 이 강은 동으로 친화이허 하류와 연결되고 남으로 칭쟝(淸江)하와 이어지므로 신허(新河)라고 불렀다가 나중에는 쟝차(江汊), 친화이허 및 그 지류가 이곳에서 세 갈래로 나뉘었으므로 싼차허라고도 한다. 부근의 거리 역시 이 강의 이름으로 명명되었다. 전범자 다니히사오에 대한 판결서 부록에 이렇게 적혀있다. 1937년 12월 17일, 일본군은 "싼차허 방생사(放生寺) 및 자유원(慈幼院)피난처 등지에서 평민 400~500명을 집단사살하였다". 괴뢰정부 샤관구 공소 구장인 류롄샹(劉連祥)은 1938년 1월 30일, 괴뢰정부 난징시 자치위원회에 올린 공문에 이렇게 적었다. 호적팀장 삐정칭(畢正淸)이 참가한 샤관 지역의 시체매장 과정에 12월 26일, "싼차허 그리고 여러 빈집에 있는 시체 400여 구가 미처 운반되지 않아 그것을 매장해야 했으므로 이날 샤관에 도착하지 못하였다".

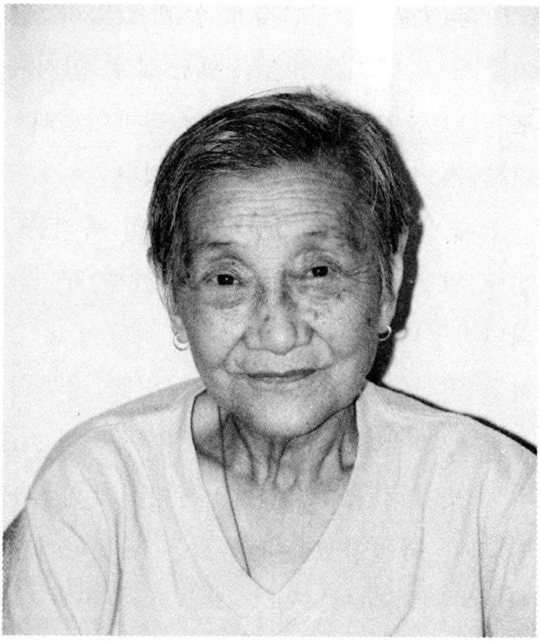

25. 메이슈잉(梅秀英)의 회고——샤관(下關) 강변에서 일본군이 감행한 집단학살에 나의 오빠 메이자빙(梅家炳) 등이 살해되었다. 나는 진링(金陵)여대 피난민수용소에서 일본군의 폭행을 목격하였다. 형부 장진훙(張金洪)은 중양먼(中央門) 밖의 마이고우챠오(邁皐橋)에서 피살되었다.

1937년 12월, 중국 침략 일본군이 난징을 공략하기 전에 우리 집은 성저우(昇州)로 눠미샹(糯米巷) 3번지에 살고 있었다. 아버지 메이유쑹(梅有松)은 비단직포공이었고 어머니 메이장(梅張)씨는 가정주부였다. 오빠 메이쟈빙은 30여 세로 당시 백화점 점원이었고 결혼하여 올케언니 사오(邵)씨와 샤푸챠오(下浮橋) 마오이샹(毛衣巷) 7번지에 살고 있었다. 당시 일남 일녀 두 아이를 두고 있었으며 남자애는 3살, 여자애는 1살이었다. 나에겐 언니 둘이 있었고 큰언니 장메이(張梅)씨, 둘째 언니 쉬메이(許梅)씨는 모두 시집을 갔었다.

그때, 일본군의 비행기가 매일 폭격을 하여 우리는 더이상 집에 있을 수가 없어 구러우(鼓樓)구 라이펑(來鳳)여관으로 피난하였다. 일본군은 시내로 쳐들어 온 후, 도처에서 살인, 방화를 일삼았다. 나는 라이펑(來鳳)여관의 한 남성 직원이 일본군의 총검에 찔려 죽는 것을 똑똑히 보았다. 이밖에도 한쌍의 부부가 길을 가다가 일본병사와 맞닥뜨리게 되자 급히 가던 길을 되돌아섰으나 놈들은 뒤쫓아가서 두 사람을 모두 찔러죽이는 것이었다.

나의 오빠 메이쟈빙은 당시 어깨에 3살나는 아들을 앉히고 놀고 있었는데, 일본병정들이 들어와 오빠의 손을 검사하였다. 상점 점원이었던 오빠는 매일 물품을 나르느라 손에 장알이 박힐 수 밖에 없었으나 놈들은 무작정 그를 '중국군' 이라 하면서 애를 내려놓고 따라오라고 하였다. 나의 부모님이 땅에 무릎을 꿇고 애걸복걸하였으나 놈들은 아랑곳하지 않고 끝내 오빠를 잡아갔다. 나도 그때 그 자리에 있었다. 오빠는 구러우(鼓樓)광장 공터에 끌려갔고 함께 잡혀온 사람이 무려 700~800명은 되어 보였다. 놈들은 계속 사람들을 붙잡아 광장에 집결시키더니 전부 샤관(下關)기슭으로 끌고 가 기관총으로 집단학살을 감행하였다.

후에 우리는 라이펑(來鳳)여관에 더이상 묵을 수 없어 가족 모두가 국제안전구역에 있는 진링(金陵)여대 피난민수용소로 옮겨갔다. 그러나 그곳은 여성과 아동 피난민수용소여서 남성 피난민은 받아주지 않았다. 나와 어머니, 올케언니와 두 아이만 대학건물 안의 바닥에서 자고 아버지는 대학 캠퍼스 부근에 있는 이웃 친척집에 묵었다.

진링(金陵)여자문리대학 피난민수용소에서는 미국인 미스 화(華)가 우리를 보호하며 매일 우리에게 죽을 쑤어 주었다. 우리는 이곳에서 음력설이 지날 때까지 있다가 '안민(安民)' 후에야 집으로 돌아갈 수 있었다. 부모님은 나에게 마오이샹(毛衣巷)에 가서 올케언니를 도와 아이들을 돌보라고 하였다. 오빠가 피살된 후 크나큰 슬픔에 빠진 올케언니는 젖이 말라 더이상 나오지 않았으므로 애들은 모유를 먹지 못하게 되었다.

놈들에게 살해된 사람이 너무 많았으므로 홍만자회에서는 매일 시신을 거두고 묻어주었다. 올케언니는 사처로 오빠의 시신을 찾으러 다녔으나 끝내 찾지 못했다. 여조카는 병에 걸려 경련을 일으키더니 얼마 지나지 않아 끝내 죽고말았다. 2년이 지난 뒤 올케언니는 남자애를 버리고 개가를 했다.

이밖에 큰 형부 장진홍(張金洪, 40여 세)은 중양먼(中央門) 밖 마이고우(邁皐)교에 살던 농민이었다. 하루는 동생과 중양먼을 지나다가 느닷없이 일본병정에게 살해되었다.

중국 침략 일본군의 난징대학살은 우리 가족에게 가실 수 없는 큰 고통과 재난을 가져다 주었다. 오빠가 살해되고 아이가 병들어 죽고 올케가 집을 나가는, 그야말로 졸지에 풍비박산이 된 참혹한 불행이었다!

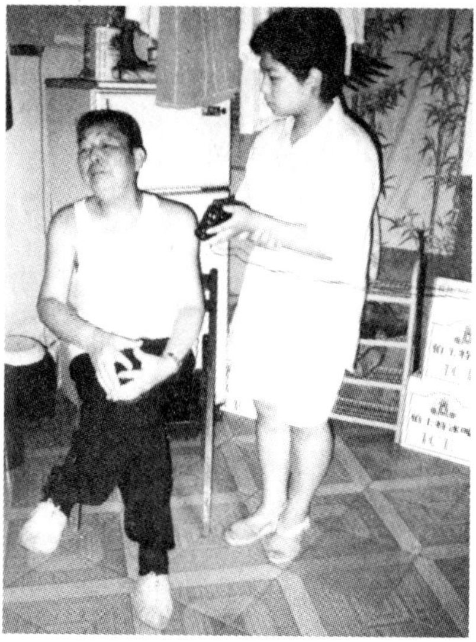

푸예량(왼쪽)

26. 푸예량(濮業良)의 회고——샤관(下關) 강변에서 일본군이 감행한 집단학살에 나의 사촌형 선치췐(沈启權) 등이 피살되었다. 국제안전구역에서 일본군의 수색에 걸려 함께 잡힌 그들은 모두 10여 대의 트럭에 가득 실려 가더니 강변에서 집단 살해된 것이었다.

나는 푸예량이라고 하며 1922년 9월 11일생이다. 1937년 당시 우리 집은 중화먼(中華門) 류쟈오징(六角井) 47번지에 있었고 가족은 아버지 푸치허(濮起和), 어머니 푸썬(濮沈)씨, 그리고 형님, 남동생과 여동생 둘이 있었다. 아버지와 백부 푸치푸(濮起富)는 난징시 남부의 위화(雨花)로에서 오리점을 경영하였다.

일본군이 난징을 침점할

때 나와 60여 세의 백부 푸치푸(濮起富)만 난징에 남아있고 아버지는 다른 식구들을 데리고 창강(長江) 북쪽 기슭의 류허(六合)현 농촌으로 피난을 떠났다. 일본군이 점점 난징 가까이 다가오자 중화먼 성문이 닫기어 우리는 부득이 오리점을 포기하고 중화먼을 지나 피난민(안전)구역의 구러우(鼓樓) 옌성샹(淵聲巷)으로 피신하였다. 1937년 12월 13일, 난징이 함락되고 일본군의 수색 체포가 시작되었을 때 우리는 2층에 숨어 있었으나 놈들이 뛰어들자 결국 붙잡히고 말았다. 놈들은 우리가 군인인지 아닌지를 알아보려고 내 손과 머리를 검사하였다. 놈들에게 잡힌 한 청년이 틈을 타서 공터로 도망치다가 결국 놈들의 총에 맞아 죽었다. 내가 꼼짝 않고 서있었더니 나중에 놈들은 나를 놓아주었다.

일본군은 또 피난민등록을 이유로 '중국군'을 수색 체포하였다. 하루는 놈들이 수많은 피난민을 진링(金陵)대학으로 몰아오더니 매국노 통역이 그들에게 경찰과 군인이었던 사람이 자진해서 나서면 경찰직을 복직시켜 주고 군인은 일자리를 얻어준다고 거짓말을 했다. 어떤 사람들은 그 말을 곧이듣고 앞으로 나섰다. 놈들은 청장년을 한사람씩 검사하며 머리에 모자 자국이 있거나 손에 장알이 박힌 사람은 죄다 '중국군'으로 간주하여 10여 대의 트럭에다 각각 40~50명씩 모조리 잡아싣는 것이었다. 나는 그들이 트럭에 실려 샤관(下關) 창강(長江)기슭에 끌려가서 집단학살되는 것을 직접 보았다. 그중에는 나의 사촌형인 외숙부네 둘째 아들 선치췐도 있었다. 그때 그는 20살 밖에 안되었고 쟝펑샹(醬棚巷) 2번지 철물점의 학도공이었으며 집은 치자완(七家灣)에 있었다. 나의 사촌형 선치췐은 그렇게 끌려간 뒤로 다시 돌아오지 못하였고 시체마저 찾을 수 없었다.

나는 놈들에게 끌려가서 역부로 일하였다. 놈들은 나와 다른 한 청년더러 탄알상자를 구러우(鼓樓)에서 쓰샹챠오(四象橋)의 천을 말리는 광장까지 날라가게 하였다. 그곳에 도착한 후에도 우리를 집에 못가게 하고 남아서 청소와 설겆이를 하게 하였으며 우리에게 '나카지마 부대 요시와라 중대의 역부'라는 글이 적힌 완장을 차게 하였다. 잡힌지 사흘이 되던 날 나와 그 청년은 놈들의 감시가 소홀한 틈을 타서 함께 도망쳤다. 네이챠오(內橋), 홍우(洪武)로, 신졔커우(新街口)와 샤오펀챠오(小粉橋)를 지나 우리는 먼저 상하이(上海)로 피난민구역에 도착하였고 날이 어두워서야 옌성샹(淵聲巷)에 도착하여 담을 넘어 집으로 들어갔다. 길에서 나는 수많은 피난민들의 시체를 보았다. 가끔 일본병정들과 마주치기도 했지만 일본 완장을 끼고 있었으므로 그럭저럭 무사히 넘길 수 있었다. 피난민구역에 돌아간 뒤로 큰아버지는 나를 절대 밖으로 나가지 못하게 하였다.

구정이 지나고 형세가 좀 안정되자 큰아버지는 나를 데리고 작은 배를 빌려타고 강을 건너 세쟈뎬(卸甲甸)과 과푸(瓜埠)를 지나 류허(六合)현 북문의 황쟈강(黃家崗)에 이르렀다. 강을 건너면서 우리는 잔교배가 비스듬히 기울어진 것을 보았다. 배에 많은 시체가 실려 있었던 것이다. 잔교뿐만 아니라 창강(長江)기슭에도 피난민의 시체가 수 없이 많았다. 이듬해 봄, 우리는 류허(六合)현에서 중화먼(中華門) 류쟈오징(六角井)의 집으로 돌아왔다. 그때에도 성벽아래와 인근 지붕위에는 총에 맞아 죽었거나 성벽에서 떨어진 피난민들의 시체가 있었다.

분산학살편

1937년 12월 13일, 난징시가 함락된 후, 일본군 제6사단, 제9사단, 제16사단, 제114사단 등 여러 부대는 사전에 지시받은 공격명령에 따라 각각 1개 보병연대를 기간으로 하여 '소탕' 작전을 벌였다. 이 '소탕' 작전은 '사복군인' 을 수색한다는 명목을 내세웠으나 실은 청장년들을 상대한 학살전이었다. 포로된 병사와 피난민을 산기슭이나 물가, 강변, 연못기슭에서 10여 명, 100여 명씩, 또는 수천 수만을 헤아리는 집단학살을 감행하였으며 시내의 거리와 골목, 교외와 농촌에서 폭 넓게 대량의 분산적인 학살도 저질렀다. 학살대상에는 70~80여 세의 노인에서 강보에 싸인 갓난애에 이르기까지 남녀노소를 불문하였고 '사복군인' 으로 지목된 청장년 남자들이 있는가 하면 강간치사 또는 살해당한 여성도 있었으며 직업도 천차만별로 교수, 기능공, 학생이 있는가 하면 농촌에 살고 있는 수많은 농민들도 있었다. 분산적인 학살에서는 생매장, 익사, 방화살인, 인신과녁에 대한 총격과 검술, 몸에 강산을 부어 태우기, 휘발유를 붓고 사격하기 등, 참혹하기 이를데 없는 온갖 수단을 다 부리었다. 장사꾼이었던 탕로우웬(湯老源)은 집에서 왜놈병사의 총검에 8번이나 찔려 죽었고 딩제(丁解)촌 농민 스자유(史家有)의 아버지는 일본병정에게 '목, 옆구리, 가슴을 4번이나 칼에 찔려 당장에서 피를 흘리며 죽었다.' 농민 스췐즈(石全子)의 집에 온 일본놈은 그를 나무에 매달아 놓고 '그의 다리에서 한자 길이의 살을 베어냈고' '머리통을 두쪽으로 갈라놓아 뇌장이 흘러나왔다'. 당시 우한(武漢)의 <따궁보(大公報)>신문은 이렇게 폭로하였다. 일본군은 '송곳과 바늘로 우리의 동지들 몸을 마구 찔러 피투성이 되게 하고', '나중에는 총검으로 목을 찔러 피가 샘솟듯 흐르게 하였다'. 서쪽 교외의 상신허(上新河) 면화(棉花)방뚝에서는 일본군의 군마 한필이 날아오는 유탄에 맞았다는 이유로 마을의 노인 9명을 죽이고 그들의 피와 머리로 말에게 제사를 지냈다. 중국 국방부 전쟁범죄자재판 군사법정에서 전범 다니 히사오에 대한 기소장에는 이렇게 적혀 있었다. "죽이지 못할 일이 없고 죽이지 못할 사람이 없으며 죽이지 못할 장소가 없고 죽이지 못할 수단이 없었다." 전범 다니 히사오에 대한 판결서에 나열된 분산적인 학살사건 858건에 대해 "자선기관에서 거두어 매장한 분산학살 시체가 무려 15만 여구에 달하였다"고 기술했다.. 본 편에서는 난징대학살에서 살아 남은 33명 생존자의 증언을 선택하였다. 그들은 분산학살에서 간신히 살아 남았거나 또는 피어린 대학살을 직접 보고 들은 사람들이다.

본인과 친인척이 일본군에게 폭행을 당한 9명 생존자의 구술

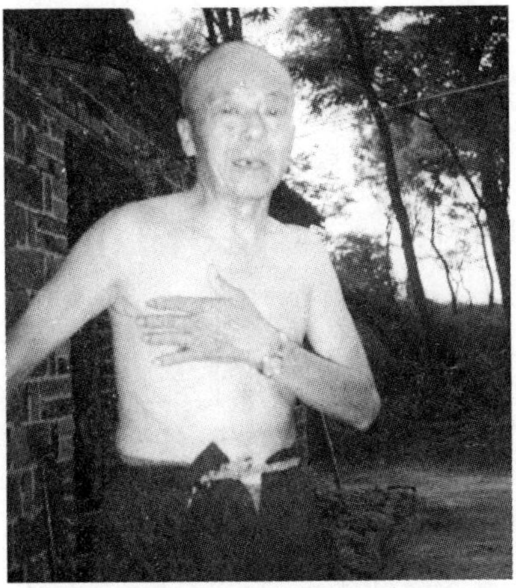

27. 쉬성푸(許聖富)의 구술——나는 일본군의 총에 세발을 맞았고 또 일본군이 사람을 산 채로 불에 태워 죽이는 것을 목격했다.

1937년 12월 경에 나는 짐을 메고 가족들과 함께 피난을 떠났다가 난징시 남쪽 교외에 있는 시산챠오(西善橋) 채소시장에서 10여 명의 일본병정들이 다가오는 것을 보고 급히 돌아 서서 도망치려 했으나 끝내 놈들에게 발각되고 말았다. 놈들의 연발 사격에 나는 가슴과 배, 다리를 맞아 피가 철철 흘렀다. 다행히도 나는 길에서 마음씨 착한 사람을 만나 목숨을 부지하게 되었다.

하루는 일본병정이 짐을 지고 가는 사람을 보더니 휘발유를 멜대 양쪽에 붓고 불을 붙인 뒤 멜대를 메라고 강요하였다 결국 그 사람은 불에 타죽고 말았다. 놈들은 또 도처에서 여성들을 강간하였는데, 심지어 나어린 여자애와 임신부, 나이 많은 할머니마저 빼놓지 않고 만행을 저질렀다. 놈들은 임신부를 유린하고 나서 총검으로 임신부의 배를 가르고 태아를 꺼내 공중에 던진 뒤 총검으로 떨어지는 그 태아를 찌르기도 하였다. 그야말로 짐승만도 못한 인간들이었다.

당시 안더먼(安德門) 부근의 거리와 골목, 강에는 간곳마다 수많은 시체들이 널려 있었다.

28. 스화이경(施懷庚)의 구술——나는 일본군에게 잡혀가 짐을 날랐고 나와 함께 갔던 젊은이는 놈들에게 살해되었다.

나는 고향이 안후이(安徽) 통청(桐城)이고 부모님은 오래 전부터 난징 북부의 싸쟈완(薩家灣)에 와서 채소농사로 생계를 이어갔다. 나는 난징에서 태어났고 2살 때 아버지가 돌아가셨으므로 어머니 스화(施化)씨가 홀로 고생하며 나를 키웠다. 초등학교를 졸업한 후 중개인의 소개로 상하이(上海)로 커파(科發)대약국 난징분국에 학도공으로 들어갔다. 약국 매니저는 독일사람이었는데 나에게 한달에 6위안씩 급여를 지불하였다. 그런데 1년도 채 안되어 일본놈들이 쳐들어왔다. 처음에는 비행기로 폭격을 하였으나 약국이 독일인의 재산이고 독일국기를 걸고 있었으며 또 우타이산(五台山) 일대는 외국기업이 집중된 지역이라 우리의 생활에는 별로 큰 지장이 없었다. 나는 여전히 약국에 출근하였다. 후에 정세가 긴장해지자 독일사람들이 가버리고 약국의 다른 사람들도 떠나갔지만 나는 남아서 집을 지키는 대가로 한달에 6위안씩 지급받았다.

나의 아내 궈후이잉(郭惠英)은 나와 동갑이었다. 그해에 정세가 긴장해지자 장인댁에서는 딸을 그냥 집에 남겨두기가 걱정되어 친척을 통해 나에게 인연을 맺어준 것이었다. 우리는 피로연도 없이 융칭리(永慶里)에서 대충 식을 올렸다. 당시 융칭리는 이미 피난민(안전)구역으로 되었고 10여 명의 피난민들이 그곳으로 피난을 왔었다. 나의 어머니도 우리와 함께 살았다.

1937년 12월 13일, 난징이 함락되던 날, 두 명의 일본군이 권총을 들고 우리가 살고 있는 곳에 와서 수색을 하더니 식품이며 가금 등속을 모조리 빼앗아갔다. 젊은이 한 명이 그들뒤를 따르며 수색한 물건들을 날라갔다. 당시, 나의 아내와 기타 여성들은 놈들의 마수를 피하려고 솥검뎅이를 얼굴에 바르고 누더기천으로 머리를 감싸고 있었다. 놈들은 우리가 살고 있는데서 더이상 수색할 물건이 없게 되자 나와 그 젊은이더러 인근의 진링(金陵)신학원 숙소에 가서 수색하자고 하였다. 닭, 오리 할 것 없이 보이는 족족 우리더러 잡아오게 하고 저들은 곳곳을 돌며 샅샅이 뒤지었다. 적지 않은 물품을 수색해내자 우리에게 물품을 지우더니 뒤켠에 있는 군영으로 가자고 하였다. 도중에 그 젊은이가 쭈그리고 앉아 신발을 신는 척하며 가려고 하지 않자 일본병정은 도망치려는 게 아니냐며 총을 들더니 그자리에서 젊은이를 쏴 죽이는 것이었다. 질겁을 한 나는 고분고분 그들을 따라갈 수 밖에 없었다. 한중(漢中)로에 있는 일본병영에 도착하여 짐을 부린 뒤, 나는 배를 가리키며 배가 고파서 밥먹으러 가겠다고 하니 놈은 손짓을 하며 나를 돌려보냈다.

나는 죽지 않고 살게 된 것이 다행이다 싶어 곧장 집으로 달려갔다. 집에 도착해 보니 어머니가 뜨락 난간에 나와 나를 기다리고 있었다. 내가 무사히 돌아온 것을 보자 어머니는 눈물을 쏟으며 그제야 안도의 숨을 내쉬었다. 나는 젊은이가 놈들에게 무참히 살해된 사실을 어머니에게 알려드렸다. 그때 내가 조금이라도 의상한 행동을 하였더라면 아마 나도 처참한 죽음을 당했을 것이 아닌가. 참으로 불행 중 다행한 일이었다!

나는 놈들의 약탈한 물건을 지고 그들을 따라가는 도중에 처참하게 죽음을 당한 수많은 중국 백성들의 시체를 보면서 이루 형언할 수 없는 비분을 느꼈다.

그후에도 놈들은 수시로 우리가 있는 곳에 와서 '화꾸냥(花姑娘, 이쁜 처녀)'을 찾고 물건을 빼앗아갔다. 융칭리(永慶里) 6번지에 살던 10여 명의 피난민들은 날마다 마음을 조이며 살았다. 특히 여성들은 얼굴에 검뎅이를 바르고 헌옷을 입고 누더기로 머리를 감싸고 놈들의 침해를 피하였다. 나는 창강(長江)기슭에서 수많은 사람들이 피살되었다는 소문을 들었고 부근의 몇몇 여성이 놈들에게 겁탈당했다는 소식도 들었다. 수 개월이 지난 뒤 일본병사에게 유린당한 여성의 배가 불러있는 것을 보고 나는 마음이 찢어지게 아프고 괴로웠다.

일본군이 난징을 점령한 후, 각 성문에는 일본병정들이 보초를 섰다. 중국인은 성문을 드나들 때마다 그들에게 허리를 굽혀 인사하고 자전거를 탄 사람도 내려서 인사를 하지 않으면 다짜고짜 뺨을 맞곤 하였다. 한번은 내가 자전거를 타고 성문을 지나다가 내려서 인사를 하지 않았다고 보초병에게 불리워 가 따귀를 맞은 적이 있다.

피난민구역이 해산된 뒤에도 나는 융칭리(永慶里) 6번지에 살면서 집을 지켰고 약국의 독일 매니저는 매달 나에게 6위안의 급여를 송금하였다. 6년 후 독일 하이퉁(海通)사에서 사람을 파견하여 건물을 인수인계하였다.

후에 나는 하이퉁(海通)사에서 잡부로 한동안 일하다가 다시 광저우(廣州)로로 이사를 하였다.

29. 우삐이(伍必毅)의 구술——나와 사촌형 우삐청(伍必成)은 일본군에게 잡혀 수레를 끌게 되었고 나는 사촌형이 놈들에게 살해되는 것을 목격하였다.

1937년, 우리 집은 성저우(昇州)로 남쪽 샤오차이샤(小彩霞)거리에 살았고 당시 나는 18살이었다. 그해 12월 25일, 우리 집 문이 부서지며 일본병정 두 놈과 통역관 한 놈이 들이닥쳤다. 통역관은 "당신들은 황군을 환영해야 하니까 문을 닫지 말도록 하라" 고 하였고 병정들은 집집이 돌아다니며 샅샅이 뒤지어 식량을 모조리 마대에 담고나서 나와 마인둥(馬銀東), 우이징(伍貽經) 세 사람에게 짊어지워 저들을 따라가게 하였다. 문을 나서서 서쪽으로 얼마 가지 않아 통역관은 우리더러 건너편에 있는 인력거를 끌어오게 하여 식량을 인력거에 옮겨 싣고 계속 서쪽으로 향했다. 나룻터에 도착하자 놈들은 또 한 집, 한 집 찾아다니며 식량을 수탈하더니 우리 셋에게 끌게 하여 수이시먼(水西門) 쪽으로 갔다. 식량을 빼앗긴 집들에서는 그저 눈물만 흘릴 뿐 아무 소리도 못내었다.

수이시먼의 일본군 주둔지에 도착하여 우리가 식량을 안쪽 주방에다 옮겨 놓는데 뒷문이 마침 난완즈(南灣子)쪽으로 나 있고 별안간 호각소리가 울리면서 일본군들이 모두 집합하러 달려가는 것이었다. 우리는 의논 끝에 도망치기로 하고 뿔뿔이 흩어져 날이 어두워서야 겨우 집에 도착하였다.

선달 초사흗날(1938년 1월 4일) 새벽, 날도 채 밝지 않았는 데 일본군 7,8명이 쳐들어와 나와 사촌형 우비청을 붙잡아서는 성저우 쪽으로 끌고 갔다. 거리에는 온통 일본군이었고 수십 명이나 되는 중국인들이 강제로 끌려와 여러 대의 수레를 끌고 있었다. 놈들은 우리를 중화먼(中華門) 밖으로 끌고 가 닝우(寧蕪)도로 서쪽으로 갔다. 도로 양켠에는 중국인들의 시체가 끊임없이 옮겨지고 도로 복판의 시체들은 너무 짓밟혀 그저 형태만 남아 있을 뿐이었다. 둥산챠오(東善橋) 길가의 탈곡장에는 수많은 중국 군민의 시체가 차마 눈을 뜨고 볼 수 없이 참혹하게 겹겹이 쌓여 있었다. 그날 시산챠오(西善橋)에서 묵게 된 우리는 모두 단칸방에 갇히었고 문어구에는 보초병이 서서 밖으로 나가지 못하게 하였다. 이튿날 날이 밝자 계속하여 우리를 서쪽으로 끌고 가더니 점심 때가 지나 차이스지(採石磯)에 이르렀다. 이틀 동안 아무것도 먹지 못한 우뻬청은 체력이 부치어 갑자기 쓰러졌다. 우리가 그를 부축하려고 하자 놈들은 우리를 총탁으로 마구 때렸고 총검으로 우뻬청을 마구 찔렀다. 내가 놀라 소리치며 수레를 뿌리치고 달려가려 했으나 놈들에게 붙잡혀 따귀만 얻어 맞았다. 놈들은 총검으로 위협하며 나를 물러서게 하였다. 결국 뻬청형은 놈들에게 참혹하게 살해되었다. 우후(蕪湖)에 도착한 후, 나는 요행 일본군관이 써준 통행증을 얻어가지고 기회를 타서 도망쳐 난징에 돌아올 수 있었다. 지금도 그때의 일을 회상하면 너무나 비통하고 마음이 아파 견디기 어렵다!

30. 쑨쑤전(孫素珍)의 구술——나는 일본군이 중국군 2명을 살해하는 것을 목격하였으며 나의 아버지도 놈들에게 살해되었다.

1937년, 우리 집은 난징 북부의 샤관(下關) 쓰쉬(四所)촌에 살고 있었는데, 일본군 비행기가 시도 때도 없이 날아와 샤관을 폭격하였다. 시골이 더 안전하다고 하는 많은 사람들의 말을 듣고 우리 가족은 샤관에서 멀지 않은 시골로 피난하였다.

일본군이 난징으로 쳐들어오자 중국 수비군은 퇴각하기 시작하며 마을 사람들에게 안전한 곳으로 피신할 것을 요구하였다. 우리 마을 10여 가구의 사람들은 하는 수 없이 또다시 샤관 둥양(東陽)에 있는 사찰에 가서 숨었다.

12월 13일, 일본군이 시내로 쳐들어오고 구두 발소리가 들려왔다. 내가 문틈으로 내다보니 차량마다에 모두 일본군의 깃발이 꽂혀있었다. 아버지는 나에게 "일본군이 쳐들어 왔구나!" 하고 말하였다. 우리가 숨어있는 사찰을 발견한 일본군은 걸음을 멈추더니 한 무리의 일본병정들이 안으로 들어와 수색을 하였다. 병정 한 놈이 커다란 손으로 내 뒤통수를 툭 치면서 "꼬마야!" 하는 것이었다. 나는 그만 겁에 질려 꼼짝을 못했다. 중국 수비군이 철퇴하면서 아무것도 남기지 않았으므로 일본군은 아무런 소득도 없게 되자 그제야 물러갔다.

그 후부터 여러 차례에 걸쳐 놈들이 나타나더니 물건을 약탈하기 시작했다. 우리 집의 쌀을 빼앗았을 뿐만 아니라 우리더러 그것을 날라가게까지 하였다. 우리는 먹을 식량을 모조리 빼앗겼지만 다행히 한 마을의 한 할머니가 관속에다 쌀을 숨겨놓았기에 겨우 목숨을 부지할 수 있었다.

어느날, 우리가 한창 식사를 하고 있는데 왜놈들이 또 '소탕' 하러 왔다. 놈들은 탁자를 걷어차고 솥을 마구 짓밟았다.

당시 사찰에는 중국 수비군 병사 2명이 피신해 있었다 그들의 손에 장알이 박힌 것을 보고는 중국 군인이라고 단정하였고 그들은 결국 사찰의 뒤뜰에 끌려가 사살되었다. 그때 그들의 나이는 20살 안팎이었다.

그 뒤로도 왜놈들은 매일같이 '소탕' 하러 와서 방화, 살인, 간음, 약탈, 온갖 못된 짓을 다 하였다. 나중에 먹을 것이 전혀 없게 되자 아버지는 밖에 나가 일을 해서 먹을 것을 구하려 하였으나 가족들은 나가지 못하게 말렸다. 하지만 어머니는 결국 아버지의 고집을 이기지 못하고 나가게 하였다. 그렇게 먹을 것을 구하러 나간 아버지는 놈들의 총에 피살되었다. 우리는 나중에야 도랑에서 아버지의 시체를 찾게 되었다. 그때 나는 11살 밖에 안된 어린 나이에 아버지를 잃게 되었으니 슬프고 억울하기 그지없었다.

아버지가 사망되고 나서 우리는 샤관 강기슭에 죽은 사람들이 오리떼마냥 둥둥 떠다니고 강물이 빨갛게 물들었다는 말을 들었다. 나와 어머니는 여러날 산나물만 뜯어먹다가 도저히 견딜 수가 없게 되자 샤관에 돌아가기로 하였다. 도중에 나는 곳곳에 널려있는 시체들을 수 없이 보았다. 어떤 시체는 심지어 고양이나 개에게 뜯기고 썩은 상태였다.

그리고 또 하나 내 기억에서 잊을 수 없는 것은 일본군 병정이 방공굴에 숨어 있는 한 사람을 발견하고는 밖으로 끌어내더니 그자리에서 총검으로 마구 찔러죽이는 것이었다. 왜놈들의 악행은 너무나도 잔인하고 끔찍하였다!

31. 까오슈잉(高秀英)의 구술——나의 아버지와 둘째 오빠 까오스빙(高士兵)이 샤관(下關)에서 일본군에게 사살되었다.

1937년, 우리 집은 난징 북부의 샤관(下關) 융닝(永寧)가 옌츠샹(嚴慈巷)에 있었고 집에는 아버지, 어머니, 여동생, 큰오빠, 작은오빠, 올케, 그리고 나를 포함하여 모두 여덟 식구가 있었다. 큰오빠는 난징 융리야(永利錏)공장에, 작은오빠는 푸리(福利)과자점에 다니었고 아버지는 작게나마 장사를 하고 있었다.

일본군이 시내로 쳐들어오던 날, 우리는 밖에서 물건 움직이는 소리가 들리므로 오빠들이 담벽에 기어올라 내다보았다.

이튿날, 일본병정들이 우리 집을 포함하여 서너 가구가 살고 있는 뜨락에 쳐들어왔다, 어떤 집은 이미 피난가고 없었다. 놈들은 총검을 들고 사처를 뒤지며 많은 물건들을 약탈해갔다. 아버지는 놈들이 물러간 것을 보고 우리더러 정말 물러갔는 지 나가보라고 하였다. 내가 석탄가게 문앞까지 가서 보니 아무도 보이지 않았다. 솜장사를 하는 이웃집 류(劉)씨가 가게 문을 닫으려고 가장 앞에 서고 둘째 오빠가 중간에, 큰 오빠가 맨 뒤에서 걸어갔다. 그런데 놈들이 문밖의 큰길에서 보초를 서고 있을 줄이야! 결국 맨 앞에서 걷고 있던 류씨와 작은 오빠가 붙잡히고 큰 오빠는 조금 뒤로 처져 있다 보니 급히 석탄무더기에 몸을 숨겨 살아 남을 수 있었다.

우리 가족은 모두 둘째 오빠를 찾아 나섰다. 둘째 오빠 이름은 까오스빙(高士兵), 21살이었고 민병 훈련에 참가했었으므로 호주머니에 훈련 때 착용했던 헝겊 명패가 들어 있었다. 놈들은 끝내 그 명패를 수색해냈다. 놈들은 우리를 보더니 물러가라며 쫓아냈고 그 틈을 타서 류씨는 옆 골목으로 도망쳤다. 놈은 거리바닥에 총 박스가 버려져 있는 것을 보고 작은 오빠더러 짊어지라고 하였다. 아버지가 나서서 대신 지겠다고 했지만 놈은 허락하지 않고 도리어 총검으로 우리를 찌르려 하므로 우리는 물러설 수 밖에 없었다. 아버지는 끝까지 그곳에 남아 있었고 얼마 후 아버지가 웨치는 소리가 들렸다. "스빙(士兵)엄마, 내가 죽으면 스빙도 죽게 돼." 엄마는 나와 여동생을 데리고 거리로 죽어라고 뛰어나갔다. 당시 융닝(永寧)거리는 이미 불에 타서 페허로 되어 있었다. 우리는 작은 오빠가 공지에서 총살된 것을 발견했다. 얼굴은 온통 피범벅이 되어 있었다. 그것을 본 어머니가 통곡을 하자 놈은 다가와서 총검으로 우리를 찌르려 들었다. 우리는 어머니를 이끌고 집으로 도망쳤다. 아버지의 생사는 알지도 못하고.

나중에 정세가 조금 안정되자 우리는 아버지를 찾아 나섰다. 거리에는 어디나 모두 시체들 천지였다. 어머니는 후에 미스(米市)거리 목재가게 부근에서 아버지를 찾아냈으나 이미 놈들에게 사살된 싸늘한 주검이었다.

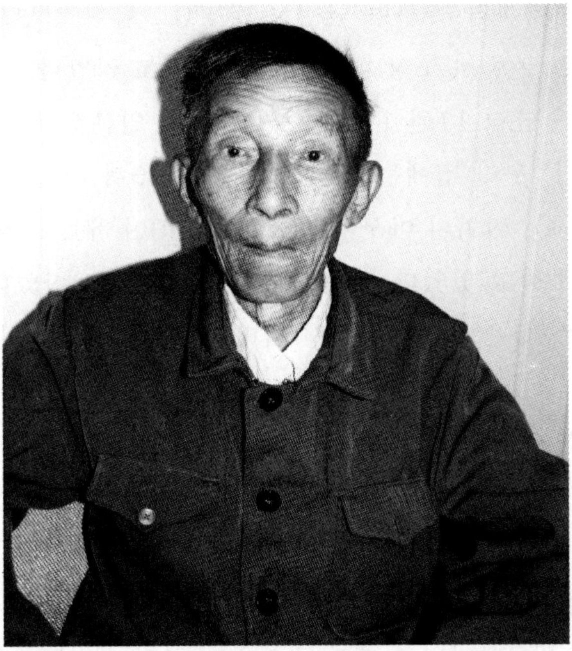

32. 허더파(何德發)의 구술——나의 할머니 허왕(何王)씨와 아버지 허무치(何木旗)는 일본군에게 총살되었고 나도 총에 맞아 목 오른쪽에 상처를 입었다.

나는 허더파라고 하며 난징시 쟝닝(江寧)현 쟝닝(江寧)향 관산(官山)촌에서 조상 대대로 농사를 짓고 살았다.

1937년 음력 11월 11일(12월 13일), 일본군이 난징을 점령할 당시, 우리 집에는 할머니 허왕씨(60여 세), 아버지 허무치(38세), 어머니 마꾸이잉(馬桂英, 30여 세), 그리고 우리 형제 셋이 살고 있었다. 나는 둘째였고 그때 7살이었다. 형 허더성(何德勝)은 10살, 남동생 허더(何德)는 겨우 3살밖에 안 되었다.

어느날 오후 2시경에 일본병정 세 놈이 우리 집에 들이닥쳤다. 집에는 할머니와 나, 그리고 형이 문밖에 서있었다. 놈들 중 한 명이 우리를 향해 총을 쏘았다. 60세에 난 할머니가 복부에 총을 맞고 창자가 흘러나왔다. 할머니 뒤에 몸을 숨기고 있던 나는 할머니의 배를 관통한 총알이 내 목의 오른쪽을 스치고 지나가 피가 철철 흘렀다. 형은 이 상황을 보더니 냉큼 돌아서서 도망쳤고 놈들은 또 형을 향해 총을 쏘았다. 형의 솜옷에 구멍이 2개나 뚫렸으나 다행히 치명상은 아니었다. 형은 당시 너무 놀란나머지 땅에 엎드린 채 꼼짝하지 못했다. 일본군은 또 우리 집의 초가 두 칸에 불을 질렀고 우리 집 나귀를 끌고 갔다. 할머니는 상처가 심하여 그날 저녁으로 숨을 거두셨다.

아버지와 이웃집 노인 두 분은 마을 입구의 토지묘에 숨어 있다가 놈들에게 발각되었다. 놈들이 아버지에게 총부리를 들이대자 두 노인이 무릎을 꿇고 손이야 발이야 빌어서야 겨우 목숨을 부지할 수 있었다. 하지만 놈들에게 피를 토할 때까지 얻어 맞은 아버지는 불과 십여 일 만에 세상을 뜨고 말았다.

마을 사람들이 나서서 아버지의 시체를 토지묘 옆에 있는 구덩이에 매장해 주었다.

어머니는 나와 동생을 광주리에 담아 멜대로 메고 형은 소를 끌고 십여 리나 떨어진 루랑(陸郎)향 주멍(朱孟)촌 학교로 피난을 갔다가 이듬해 4월 '안민' 후에야 집으로 돌아왔다. 어머니는 소 한마리를 팔아 관을 2개 사서 할머니와 아버지를 새로 안장해 드렸다.

일본군의 침략으로 우리 집은 풍지박산이 되고 말았다. 집은 불에 타버리고 당나귀도 빼앗겼다. 나는 총에 맞은 목의 상처가 계속 곪으면서 낫지를 않다가 2개월이 넘어서야 겨우 아물기 시작하였고 보기에도 끔찍한 흉터가 지금까지 남아 있다. 그 상처로 시신경을 다쳐 시력이 많이 떨어져 살아가는 데 큰 불편을 겪고 있다. 중국 침략 일본군이 나와 나의 가족에게 안겨준 뼈에 사무치는 고통은 죽을 때까지 잊지 못할 것이다.

33. 류간칭(劉干卿)의 구술——나의 아버지는 일본군에게 잡혀간 뒤로 지금까지 행방불명이며 나도 인부로 잡혀갔었다.

1937년 겨울, 나는 18살이었고 아버지와 함께 난징 남부 난푸팅(南捕廳) 15번지에 살고 있었다. 밤중에 총소리가 잦아지자 아버지는 나를 피난민(안전)구역에 보내고 자신은 여전히 난푸팅에 남아 있었다. 며칠 지나 놈들이 시내로 쳐들어왔다.

놈들이 쳐들어 온 후 얼마 안 되어 아버지와 인력거꾼 샤오마(小馬)가 놈들에게 끌려가서 말을 먹이게 되었다. 어느날, 아버지와 샤오마(小馬)는 뒷문쪽에서 말을 먹이다가 또 다른 왜놈들에게 잡혀갔다. 아버지는 그 뒤로 행방불명이 되었는데, 아마 살해되었을 가능성이 많다.

나는 피난민구역에서 한동안 살다가 아버지가 걱정되어 아버지를 찾아나섰다. 나는 그때 놈들이 발급한 '안민증(安民證)'을 가지고 있었으므로 별일 없을 것이라고 생각했었는데 뜻밖에도 관자챠오(管家橋) 부근에서 일본군에게 붙잡혀 인부로 끌려갔다. 함께 붙잡힌 사람들 중에 무릎을 꿇고 비는 사람도 있었지만 일본병정은 칼을 들어 옆에 있는 돌을 찍으며 위협을 했다. 오후가 되어 놈들은 우리더러 밥을 짓게 하였고 저녁이 되자 우리 17명을 모두 방공호에 몰아넣었다.

밤중에 내 옆에 자던 한 노인이 놈들은 인부를 다 부려먹고 나서는 손발을 자른 뒤에 내버린다고 알려주면서 마당에 뒷문이 있으니 도망치도록 도와주겠노라고 하였다. 이튿날 아침 나는 뒷간에서 점심때까지 숨어 있다가 노인이 불러서야 뒷문으로 도망쳐 나왔고 노인이 시키는데로 절름발이행세를 하였다.

그리하여 나는 네이챠오(内橋)까지 도망쳤다. 그곳에서 나는 나처럼 인부로 잡혔던 사람을 만났고 그는 나더러 빨리 도망치라고 하였다. 하지만 나는 그의 말을 듣지 않고 계속 앞으로 절름거리며 걸었다. 이때 뒤에서 갑자기 놈들의 군화소리가 무섭게 들려왔다. 놈들은 나를 죽이지 않고 발로 내 무릎을 걷어찼다. 내가 계속 절름거리자 정말 다리를 저는 거라 여겼는지 나를 놓아주었다.

차푸꾸이(왼쪽 네 번째)

34. 차푸꾸이(查富奎)의 구술——나는 일본군의 칼에 다섯 번이나 찔렸고 아직까지도 흉터가 선명하게 남아 있다.

1937년 12월, 중국 침략 일본군이 난징에서 대학살을 감행하였다. 12월 말의 어느날 놈들이 우리집 뜨락으로 들이닥쳤다. 그때 나는 놈들의 칼에 다섯번이나 찔렸는데 두 번은 중상, 세 번은 경상이었다. 나는 피못에 쓰러져 정신을 잃었다. 후에 가족들의 손에 구출되어 비로소 목숨을 부지할 수 있었다.

우리가 살던 뜨락에서 다섯 사람이 놈들의 칼에 찔렸으며 한 사람은 죽었다. 지금도 내 몸에는 흉터가 남아 있다. 이 피맺힌 원한은 죽을 때까지도 잊지 못할 것이다.

35. 장후이샤(張惠霞)의 구술——일본군에게 잡혀간 나의 아버지와 숙부, 백부들이 지금까지도 행방불명이다.

우리 집은 대대로 난징 남부 창러(長樂)로 싼팡샹(三坊巷)에서 작은 식당을 경영하며 살아왔다. 1937년 12월, 나는 9살이었고 할머니, 아버지, 어머니와 큰 남동생, 작은 남동생, 여동생 그리고 숙부와 함께 살고 있었다.

1937년 12월 13일, 난징이 함락되자 일본군은 대학살을 감행하였다. 놈들은 방화와 살인, 약탈에 혈안이 되었고 여자들을 보면 겁탈하였으며 심지어 어린 여자애들에게까지 마수를 뻗쳤다. 거리에는 간곳마다 시체가 널려 있고 피가 흘러 강을 이루니 그야말로 참혹하기 그지없었다.

시내의 백성들은 부득이 피난을 떠나야 했다. 우리 일가족도 국제안전구역에 있는 진링(金陵)여자문리학원으로 피난을 갔다. 그런데 뜻밖에도 그곳에서는 여자만 받아주고 남자는 받아주지 않았다. 그리하여 할머니와 어머니, 남녀 동생들까지 다섯 식구만 들어가게 되었고 만일의 경우를 대비하여 할머니는 나더러 아버지와 숙부곁에 있으라고 하였다. 진링(金陵)여자문리학원에 들어가지 못한 우리 셋은 부득이 피난민수용소 밖에 앉아있는 수밖에 없었다.

12월 14일 점심 때쯤 하여 피난민수용소 부근에 실탄을 장착하고 전신무장을 한 일본병정들이 나타났다. 나는 아버지와 숙부에게 바싹 붙어 문어구에 서있었다. 이때 일본병정 대여섯이 다가오더니 입으로 뭐라고 고함을 지르며 총탁으로 아버지와 숙부 그리고 부근의 네댓 명의 남자들을 떠밀며 데려갔다. 나는 겁에 질려 울면서 뒤쫓아갔으나 병정들은 총으로 나를 가로막았다. 그렇게 아버지와 숙부들은 압송되어 갔고 나는 급히 피난민 수용소에 있는 할머니와 어머니 그리고 동생들한테 가서 아버지와 숙부가 놈들에게 끌려간 사실을 알렸다. 식구들은 서로 붙안고 울음을 터뜨렸다.

이윽고 할머니께서 일어서시더니 지팡이를 짚고 전족을 내디디며 나를 이끌고 주쟝(珠江)로, 한커우(漢口)로 일대를 찾아다녔다. 길에는 온통 살해된 시체들이 널려 있었다. 그중에는 남자와 여자, 엎드린 채 죽은 사람, 누운 채로 죽은 사람, 실로 각양각색이었다. 할머니와 나는 울면서 죽은 사람들을 하나하나 확인해 보았으나 어두워질 때까지도 아버지와 숙부의 시체를 찾지 못하였다. 그렇게 아버지(29세)와 숙부(27세)는 행방불명이 되고 말았다. 당시 상황으로 보아 우리는 그들이 다른 곳으로 끌려가 잔혹하게 학살되었을 것이라고 짐작된다.

12월 16일, 우리 식구들은 울며불며 다시 창러로 산팡샹 집으로 돌아왔으나 이미 약탈당한 집에는 부서진 밥상과 걸상밖에 없었고 천정도 불에 타서 구멍이 펑 뚫려져 있었다. 난징 시민들에 대한 중국 침략 일본군의 잔인무도한 학살에 우리는 불과 며칠 사이에 아버지와 숙부를 잃었다. 아무 죄도 없는 무고한 시민으로서 순식간에 가정이 풍비박산되고 과부 셋(어머니와 두 숙모)과 노인, 아이들만 남게 되었다. 당시 어머니는 작은 남동생을 임신중이었고 남편을 잃은 슬픔으로 큰 충격을 받아 날마다 아버지 이름만 불렀다. 그때부터 과부와 어린애만 남은 우리 가족은 지극히 어렵고 고통스러운 나날을 보내야 했다.

우리 집 이웃이었던 백부 장정샹(張正祥)은 1937년 12월 13일, 옷가지를 가지러 창러로에 있는 집으로 갔었는데 지금까지도 행방불명이다.

자택에서 일본군에게 폭행을 당한 6명 생존자의 구술

36. 니추이핑(倪翠萍)의 구술——상신허(上新河)피난소와 차오텐궁(朝天宮)에 있는 집에서 우리는 일본군의 학살에 가족 7명을 잃었다.

나는 니추이핑이라고 하며 우리 집은 원래 난징 시내 차오텐궁에 살고 있었다. 일본군은 난징을 강점하기에 앞서 시도 때도 없이 비행기를 동원하여 난징 상공에서 폭탄을 던졌다. 당시 가장 많이 폭격을 당한 곳은 빠바이탕(八百塘)이었다. 겁에 질린 백성들은 몸을 숨기려고 갈팡질팡하였고 더러는 피난민(안전)구역으로 피신하고 더러는 시골로 피난하였으며 또 더러는 방공굴을 파고 숨었다.

당시 우리 일가족은 난징 서쪽 교외에 있는 상신허 갯벌로 피신하였다. 주변은 모두 물에 둘러싸여 있어 우리는 자갈밭에다 대충 막을 짓고 살았다.

1937년 12월의 어느날, 일본군이 상신허 지역까지 쳐들어왔다. 우리는 연기를 피우면 놈들에게 발각될까봐 감히 밥도 짓지 못하였다. 며칠을 굶고나자 더이상 견디기 어려웠고 또 일본군이 쳐들어 온 후 얼마간 안정된 것 같았으므로 어머니는 아버지더러 강변에 가서 쌀과 채소를 씻어오라고 하였다. 하지만 아버지는 강변에 도착하자마자 일본군 다섯놈에게 발각되어 총을 세 발이나 맞았다. 불우한 아버지는 그렇게 놈들의 총에 맞아 숨을 거두셨다.

어머니는 총소리를 듣고 달려나가 쓰러진 아버지를 안아 일으키려 했지만 잇따라 쏘는 놈들의 총에 맞아 역시 목숨을 잃으셨다. 나는 그때 11살 밖에 안 되었다. 부모님이 쓰러지는 것을 보고 달려나갔다가 역시 놈들의 총에 견갑골을 맞고 피를 흘리며 정신을 잃고 말았다. 지금도 나의 견갑골에는 총알 흉터가 남아 있다.

할아버지는 당시 70여 세의 고령이었으나 나의 부모님을 묻어주려고 사람을 부르러 나갔다가 일본군 6,7명과 마주쳤다. 할아버지는 놈들의 총탁에 머리를 맞고 골수가 흘러나온 채 물가에 쓰러져 세상을 뜨셨다. 일손을 도우러 나왔던 사람들은 그대로 강물에 뛰어들어서야 겨우 살아 남았다.

20여 일이 지난 어느날, 올케가 집에서 옷가지를 거두다가 놈들에게 발각되었고 놈들은 그에게로 다가들었다. 임신한지 7개월 된 올케는 땅에 꿇어앉아 손이야 발이야 빌었고 전족을 한 할머니도 함께 빌었으나 그들은 아랑곳하지 않았다. 결국 올케는 다섯 명의 일본놈에게 윤간을 당하였다. 올케가 울부짖는 소리에 숙부가 달려들어 막으려 했지만 놈들의 총에 맞아 즉사하였다. 그날 저녁 올케는 밤새 하혈을 하며 고열에 시달리다가 끝내 아이를 유산하고 어른도 죽었다. 겁에 질린 할머니도 하마트면 돌아가실 뻔 하였다.

후에 우리는 차오톈궁에 있는 집으로 돌아갔다. 장둥먼(江東門)을 지나며 보니 다리는 이미 폭파되었고 피살된 사람들의 시체가 강물에 버려져 있는데, 놈들은 죽은 시체로 강을 메워 다리삼아 밟고 다녔다. 강은 그야말로 피바다로 되어 있었다.

차오톈궁에 돌아온 우리는 이모부, 이모와 함께 살았다. 이모부는 당시 호떡을 팔아 생계를 유지하였다. 하지만 그런 나날도 잠시였다. 일본군이 쳐들어 온지 한달이 지난 어느날, 이모부는 놈들에게 잡혀가더니 7명의 일본병정들에게 총검으로 사람을 찌르는 게임대상이 되었다. 그렇게 이모부는 놈들의 총검에 찔려 죽었다. 이모는 놈들에게 겁탈을 당할가 봐 감히 남편을 구하러 나서지 못하였다. 놈들이 급기야 이모를 붙잡으려 하자 이모는 벽에 머리를 부딪혀 자결하고 말았다.

나의 상처는 치료를 받지 못하여 벌레가 낄 정도로 곪고 썩어 들어갔다. 외숙모가 집게로 총알을 뽑아냈으나 상처는 여전히 곪기 시작하였다. 하지만 병원에 갈 돈이 없어 그대로 방치할 수 밖에 없었다.

그 후유증으로 인해 나는 밥을 먹기도 힘들었고 일을 할 때는 한 손밖에 쓸 수 없어 한평생 큰 고통과 불편을 겪고 있다.

왜놈들은 우리 가족 7명을 살해하였고 임신한 올케를 강간하였으며 나까지 총상을 입게 하였다. 이 쓰라린 고통을 내가 어찌 잊을 수 있겠는가!

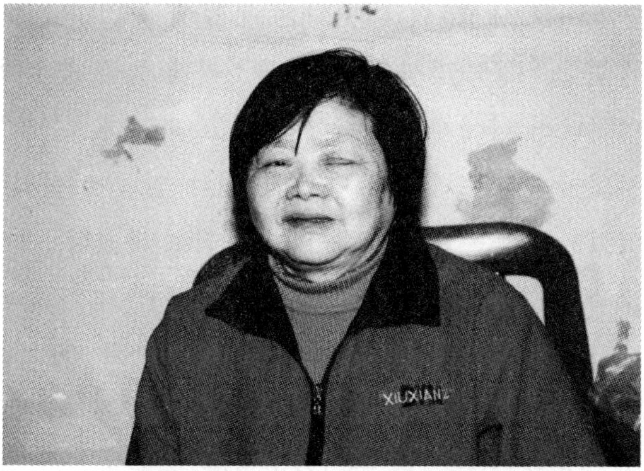

37. 쑨쉐란(孫學蘭)의 구술——나는 푸즈먀오(夫子廟) 따스빠제(大石壩街) 10번지에 있는 집에서 왜놈들에게 왼쪽 눈을 찔려 실명하게 되었고 후에는 또 왜놈들의 군용차에 깔려 오른쪽 다리가 끊어져 불구자가 되었다.

1937년, 우리 집은 난징 푸즈먀오 따스빠졔 10번지에 있었는 데 3칸짜리 집이었다. 일본군이 쳐들어오기 전에 우리는 중화먼(中華門) 밖에 있는 시골로 피신하였다. 아버지 쑨융서우(孫永壽)는 회계원이었고 어머니보다 9살 연상이었다. 어머니 쑨사오(孫邵)씨는 당시 30여 세의 가정 주부였고 여동생 쑨쉐친(孫學琴)은 나보다 3살 아래였다.

어느날 점심때쯤 하여 우리 집 다른 식구들은 밖에 나가 숨어 있었고 다섯째 숙부

쑨융시(孫永喜)와 어머니는 부엌에 있었다. 숙부는 부엌에서 국수를 펴올리면서 나의 울음소리에 놈들이 쳐들어 올가봐 어머니더러 나에게 국수를 먹이라고 하였다. 바로 그때 일본병정 서넛이 안으로 들어섰다. 어머니는 얼굴에 솥검댕이를 바르고 있었고 놈들은 어머니를 끌고 가려고 하였다. 내가 어머니의 다리를 붙잡고 울면서 끌어가지 못하게 하자 한 놈이 어머니의 손에서 부지깽이를 빼앗아 들더니 그것으로 나의 왼족 눈을 찔렀다. 내가 아프다 못해 땅에서 뒹굴며 몸부림치자 놈들은 미친듯이 너털웃음을 치며 물러가버렸다. 치료할 돈이 없어 나는 한달동안 눈을 뜨지 못하였다. 눈을 뜰 수 있을 때는 이미 아무것도 보이지 않았다. 그렇게 나는 왼쪽 눈을 잃었고 근육마저 천천히 위축되었다. 후에 나는 어머니에게 부지깽이는 왜 들고 있었느냐고 나무랐고 엄마 때문에 용모도 망가지고 눈이 멀게 되었다고 원망하였다. 하지만 나는 그로 인해 엄마를 구하게 되었고 내가 불구자가 되는 것으로 엄마가 놈들에게 능욕을 당하지 않게 되었다고 생각했다. 나의 어머니는 83세까지 사시다가 돌아가셨다.

나의 숙부 쑨융린(孫永林)은 놈들의 칼에 찔려죽었고 시체가 강물에 버려졌지만 우리 가족들은 할머니가 상심할가 봐 아무도 이 사실을 할머니께 알리지 못하고 그저 인부로 잡혀갔다고만 하였다. 그리하여 할머니는 숙부가 돌아오기를 학수고대하시며 까치의 울음소리만 들어도 융린(永林)이 돌아오려나 보다 하고 되뇌이곤 하셨다.

나는 8살아 되어 푸즈먀오 둥관터우(東關头) 서당에 다니기 시작하였다. 어느날 점심때가 되어 하학하고 집으로 돌아오는 길에 나는 일본 군용차에 치어 오른쪽 다리가 부러졌다. 어머니는 나를 업고 사처로 의사를 찾아다니며 치료를 했다. 상처는 그런대로 아물었지만 근육이 위축되어 완전히 변형되고 말았다. 지금도 오른쪽 다리는 왼쪽 다리보다 훨씬 가늘다.

38. 장푸즈(張福智)의 구술——판챠오제(板橋街)에 있는 집에서 나는 일본병사에게 맞아 쓰러졌고 왼쪽 눈을 찔려 결국 두 눈이 다 멀게 되었다.

1937년, 우리 집은 난징 판챠오제에 살고 있었으며 가족은 아버지, 어머니, 남동생과 나까지 모두 넷이었다. 집에는 땅 세 마지기에 초갓집 두 칸이 있었고 나는 당시 초등학교 2학년생이었다.

그해 겨울, 일본놈들이 쳐들어온다는 소문에 정세가 매우 긴장해지고 국민당 부대는 강을 봉쇄해버렸다. 죽세공이었던 나의 아버지 장츠신(張賜鑫)은 식구들을 데리고 얼리빠(二里壩)로 피난을 떠났다. 우리는 민

간용 배 한척을 구하여 아버지의 고향인 창강(長江) 북쪽 기슭에 자리한 쟝푸(江浦)현 차오린(橋林)으로 갔다. 12월 13일 저녁, 우리는 강 건너편의 판챠오졔에서 불길이 하늘로 치솟아 오르는 것을 보았다. 미처 먹을 것을 가지고 떠나지 못한 우리는 다른 사람에게서 쌀을 조금 얻어 죽을 쑤고 밭에서 당근잎을 뜯어 반찬을 만들어 먹으며 20여 일가량 버티었다.

나중에 우리는 '안민' 이후 놈들이 사람을 함부로 죽이지 않는다는 소문을 듣고서야 조마조마한 마음으로 판챠오의 집으로 돌아왔다. 하지만 집은 이미 불에 타 버리고 없었으므로 거기서 그리 멀지 않은 빈 집에 들어갔다. 놈들이 늘 거리를 오가고 있었으므로 그들의 구둣발 소리만 들어도 우리는 간이 콩알만 해졌다. 하루는 일본병정 두 놈이 우리 집에 쳐들어왔다. 놈들은 아버지의 뺨을 치기도 하고 억지로 무릎을 꿇게도 하였다. 내가 놀라서 울음을 터뜨리자 한 놈이 손으로 내 뺨을 후려쳤는데 어떻게나 세게 쳤던지 나는 땅바닥에 쓰러지고 오른쪽 눈에서 피가 흘렀다. 놈들이 뭐라고 고래고래 고함을 질렀으나 우리는 전혀 알아들을 수 없었다. 나중에 알고보니 놈들은 인력거꾼을 찾고 있었고 인력거꾼은 우리 집 이웃에 있었다. 놈들이 가고나자 아버지는 솜으로 내 오른 쪽 눈을 막고 상처부위를 싸맸다. 그때는 의사를 찾아 치료를 받을 여건이 못되었으므로 나는 그때부터 오른 쪽 눈의 시력을 잃었다. 1993년에 이르러서는 왼쪽 눈마저 갑작스레 보이지 않았다. 의사의 말로는 실명된 오른 쪽 눈의 장기적인 영향으로 인한 것이라고 하였다.

당시 놈들은 판챠오 기차역에 주둔하고 있었다. 우리가 살고 있는 집 뒤쪽에 텐(田)씨 성의 30여 세된 여자가 살고 있었는 데, 날씨가 추워지자 자주 햇볕 쪼이러 밖으로 나왔다. 하루는 일본병정 두 놈이 와서 그 여자의 옷을 벗기고는 나의 아버지더러 그 여자와 성관계를 하라고 핍박하였다. 아버지가 겁에 질려 "안됩니다, 안되요." 하고 몸을 사리자 놈들은 징그럽게 너털 웃음을 치더니 가버렸다.

나는 1949년에 결혼을 하여 지금 슬하에 아들 하나와 딸 다섯을 두고 있다.

쉐스진(왼쪽 세 번째)

39. 쉐스진(薛世金)의 구술——나는 어머니와 임신한 아내가 집에서 일본놈에게 처참하게 목이 잘리는 것을 목격하였다.

1937년 12월의 어느날, 날씨가 매우 을씨년스러웠다. 나는 피난민수용소에서 요행 난징시내 우쉐웬(武學園)에 있는 집에 가서 어머니와 아내를 만났다. 미처 몇 마디 말도 나누지 못했는데, 갑자기 놈들의 왁자지껄

떠드는 소리가 들려왔으므로 우리는 황급히 헤어져 몸을 숨겼다. 나는 뒤뜰에 있는 작은 집안의 한쪽 구석에 숨었고 어머니와 아내는 문어구에 있는 땅굴에 들어가 몸을 숨기었다. 그런데 그 땅굴이 어머니와 아내의 무덤으로 될 줄은 꿈에도 생각지 못했다.

총검을 들고 앞쪽 뜰안을 이러저리 수색하던 놈들이 그만 동굴을 발견하였다. 놈들은 총검으로 위에 덮인 잡동사니를 걷어내더니 그 안에 숨어 있는 사람들을 나오라고 핍박하였다. 어머니는 동굴에서 나와 몸을 제대로 가누기도 전에 놈들이 휘두르는 칼에 머리가 잘려서 멀리까지 굴러갔다. 자애로우신 우리 어머니는 이렇게 놈들의 칼에 참혹하게 돌아가셨다.

그 광경을 보고 겁에 질린 아내는 바들바들 떨며 기어 나왔다. 놈들은 다짜고짜 칼을 휘둘렀다. 목에 칼을 맞은 아내는 피를 흘리며 쓰러졌다. 아내가 깨어났을 때는 놈들이 이미 가버린 뒤었다. 아내는 울면서 나의 이름을 불렀다. 아내가 울부짖는 소리에 달려나와 보니 세상에! 나는 가슴이 마구 찢어지는 것 같았다. 나는 황급히 사경을 헤매는 아내를 구러우(鼓樓)병원에 데려다 맡기고 돌아와 어머니의 시신을 입관하였다.

이튿날, 나는 또 놈들에게 인부로 붙잡혀 우후(蕪湖)로 압송되었고 일본군의 감시가 심하여 도저히 빠져나갈 수가 없었다. 8일째 되던 날에야 나는 놈들이 주의하지 않는 틈을 타서 난징으로 도망쳐왔다. 내가 병원에 도착하자 누군가 나에게 아내가 이미 죽었다고 알려주었다. 당시 아내는 임신한 몸이었다. 나는 절망과 비통함을 이기지 못해 가까스로 빈집에 돌아와 통곡하였다. 그때부터 나는 홀로 고통을 참으며 외로이 살고 있다.

40. 창카이쟈(蒼開甲)의 구술——나는 집에서 일본군관이 쏜 총에 복부를 맞았다.

일본 침략군이 난징을 점령했을 무렵 나는 스무살이었고 쉔우(玄武)호 라오링저우(老岭洲, 지금의 동물원)에 살고 있었다. 나는 이미 결혼하여 3살잡이 아들이 있었고 식구들은 내가 쉔우호에서 생선을 잡는 일로 생계를 이어나갔다. 놈들의 '소탕' 작전으로 인해 나는 낮에는 아내와 아이를 데리고 갈대밭에 숨어 있다가 밤이 되어서야 집으로 돌아오곤 하였다.

1938년 1월 2일 오후 1시쯤 되어 내가 집에서 점심을 짓고 있는데, 전신무장한 일본병정 두 놈이 들이닥치더니 나에게 '화꾸냥(花姑娘)'을 내놓으라고 하였다. 내가 없다고 하자 놈들은 화를 내면서 그 중 한 군관놈이 권총으로 나의 복부를 쏘았다. 총알은 배를 관통하였고 나는 피를 흘리며 그자리에 쓰러져 정신을 잃었다. 아버지가 놈들에게 인부로 끌려간 뒤라 집에는 나를 구해줄 사람이 없었다.

놈들이 가고 나서 마을사람들은 왔다가 나의 참상을 보고는 죽은 줄로만 알고 나를 동굴속에 옮겨다 놓았다. 내가 깨어나 보니 죽은 사람의 시체가 나를 짓누르고 있었다. 가까스로 시체를 밀쳐내고 동굴에서 기어 나와 하늘을 쳐다보니 이미 5시가 넘은 듯 하였다. 밤이 되어 집으로 도망쳐 오신 아버지가 나를 찾아 집으로 데려다 고약으로 치료를 했다. 상처는 비록 천천히 아물었으나 흉터는 아직까지 남아 있다.

나중에야 알았지만 나를 짓누르고 있던 시체는 저우타이산(周太山)이라고 하며 내가 총에 맞은 뒤에 일본군의 총에 맞아 죽은 이었다.

41. 장쉬잉(張緖英)의 구술——나의 할머니 두더전(杜德貞)과 숙부 장웬수이(張遠綏)는 집에서 일본군에게 살해되었다.

1937년, 우리 집은 난징 신제커우(新街口) 탕팡챠오(糖坊橋) 18번지에 살고 있었는 데 사진(四進)고택으로 증조부 때 지은 건물이었다. 당시 집에는 할아버지 장룬성(張潤生), 할머니 두더전(杜德貞), 아버지 장웬딩(張遠定, 나중에 장딩(張定)으로 개명함), 숙부 장웬수이(張遠綏)가 함께 살고 있었다.

1937년 12월, 난징이 위험해지자 시내에 살고 있던 사람들은 도망갈만한 사람들은 거의다 가버리고 노약자들만 남아 있었다. 우리 집에는 부동산이 있었으므로 나와 노쇠한 조부모, 투병 중인 숙부가 남아서 집을 지키고 있었다. 12월 13일 오전, 우리 집 대문이 와지끈 부서지면서 일본병정 두 놈이 쳐들어왔다. 전족을 한 할머니는 미처 피하기도 전에 "펑" 하는 총소리와 함께 피를 흘리며 뒤쪽으로 사라졌다. 그해 9살이었던 나는 할아버지와 함께 뒷문으로 죽을 힘을 다해 도망쳐 부근에 있는 성당에 가서 숨었다.

해질 무렵이 되어 밖에 더 이상 동정이 없었으므로 우리는 그제야 집으로 달려갔다. 대문에 들어서자 눈에 뜨인 것은 대문에 몸을 기대고 있는 숙부였으나 이미 숨을 거둔 뒤었다. 핏자국이 침대밑에서 우물가까지 이어진 것으로 보아 숙부는침대밑에 숨어 있다가 놈들에게 발각되어 총살된 것 같았다. 할머니는 뒤쪽 방에 누워계셨는 데, 가슴에서 흘러내리던 피는 이미 말라 있었고 눈을 감지 못한 채 숨을 거두셨다.

나는 어려서부터 어머니를 잃고 할머니 손에서 자랐다. 이제 할머니마저 잃었으니 어떻게 살아가야 할지 막막하였다! 나와 할아버지는 집으로 돌아오는 길에서 수많은 죽은 사람들의 참상을 보았다. 어떤 사람은 칼에 맞아 죽었고 어떤 사람은 머리가 잘려 나갔거나 손발이 잘려져 있었다. 무엇보다 참혹한 것은 부녀자들의 모습이었다. 알몸으로 죽어 있을 뿐만 아니라 어떤 여성은 젖가슴이 도려져 있었고 심지어는 하체에 빗자루가 꽂혀 있었다……차마 눈뜨고 볼 수 없는 참상이었다. 나와 할아버지는 목숨을 부지하고자 국제안전구역의 진링(金陵)여자문리학원에 들어가 외국인의 보호를 받았다.

이미 많은 세월이 흘러갔지만 할머니와 숙부가 살해된 모습과 난징대학살의 참혹한 정경은 늘 악몽으로 나타나 나를 괴롭히고 있다. 나는 늘 눈물을 머금은 채 악몽에서 놀라 깨어나곤 한다.

국제안전지역에서 일본군에게 폭행을 당한 7명 생존자의 구술

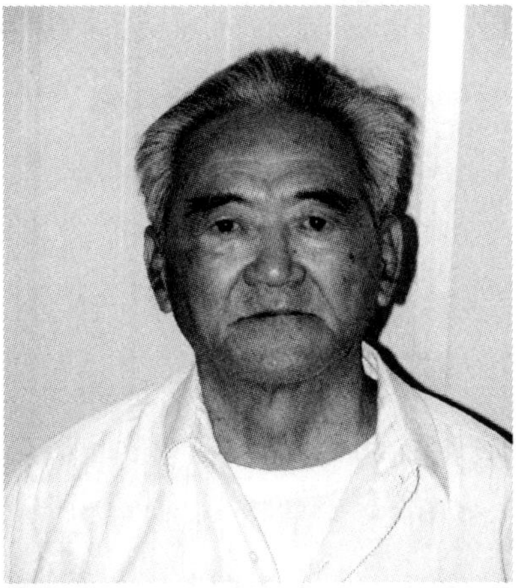

42. 우정시(伍正禧)의 구술——국제안전구역 신화샹(新華巷) 62번지에서 일본군은 우리 가족 6명을 살해하였다.

일본군이 난징을 침범하기 전에 우리는 저우비유샹(周必由巷) 15번지에 살았다. 정세가 긴장해지자 우리 일가족은 피난민(안전)구역 진링(金陵)여대 맞은 편에 있는 신화샹(新華巷) 62번지로 피난했다.

1937년 12월 13일 점심 때쯤 하여 일본병사 세 놈이 집안에 들어서면서 "너희들은 중국군인이냐?" 하고 소리 질렀다. 놈들은 집안에 있는 젊은 남자들을 모조리 끌어냈다. 그중에는 둘째 형 우정바오(伍正保), 큰 사촌형 윈관(云官), 셋째 사촌형 싼윈(三云), 외삼촌 라오왕(老王), 이웃집 중(宗)씨네 샤오류즈(小六子)가 있었다. 문밖에는 이미 많은 청년들이 길옆에 붙잡혀 와 있었다. 이들은 놈들에게 끌려간 뒤 전부 기관총에 사살되었다고 한다. 당시 우리는 총소리만 들었을 뿐 구체적으로 장소가 어딘지도 몰랐고 감히 나가보지도 못하였다.

하루(14일)가 지나서, 일본병정 한 놈이 또 우리 집에 뛰어들어 할머니에게 '화꾸냥'이 있냐고 물었다. 할머니가 없다고 하자 놈은 칼등으로 할머니의 어깨를 내리쳤다. 그리고는 또 할아버지[우디룽(伍迪榮, 당시 60여 세였음)에게 물었다. 할아버지는 두 눈이 실명된 소경이었고 침대에서 자다가 일어나 놈의 말을 알아듣지 못하자 놈은 총검으로 할아버지를 세 번이나 찔렀다. 할아버지는 가슴과 다리를 총검에 찔려 당장에서 숨을 거두셨다. 놈은 그래도 물러가지 않았고 나중에 뒤쪽 방에 있는 고모네 집에서 숙모를 발견하였다. 외숙모는 미처 몸을 숨기지 못하고 놈에게 발각되었다. 놈은 곧장 달려들어 외숙모를 겁탈하였다.

이 모든 것들은 내가 직접 목격한 것이다. 지금도 그때의 재난을 생각하면 중국 백성들에게 감행한 일본 침략자들의 만행을 더없이 증오하게 된다.

43. 쉬쯔챵(許自强)의 구술——국제안전구역 이허(頤和)로에서 나는 일본군의 칼에 종아리를 찔렸다.

1937년 12월, 중국 침략 일본군이 난징을 강점하고 선량한 백성들을 잔혹하게 유린하던 피맺힌 원한은 평생을 두고 잊을 수 없다.

그해 겨울, 우리 일가족 다섯 명은 조부모님을 따라 급급히 국제안전구역 이허로의 피난민수용소로 피난을 갔다. 1937년 12월 16일 오후, 일본병정 네 놈이 어깨에 총을 메고 흉악한 몰골로 우리가 사는 곳에 나타나 고함을 질러대며 남녀노소를 불문하고 모두 마당에 몰아다 줄을 세우더니 한 사람 한 사람 훑어보았다. 놈들은 젊은 여자를 볼 때마다 얼굴에 음흉한 웃음을 지었다. 놈들은 끝내 6명의 부녀자를 강제로 방안에 끌고가서는 겁탈을 하였다. 뜨락에 서있던 사람들, 특히 가족들은 누구나 할것 없이 찢어지는 듯한 아픔으로 눈물을 금치 못했다. 얼마 뒤 놈들은 다시 뜨락으로 나와 "중국군, 있어, 없어? 있으면 나오란 말이야!" 라고 소리질렀지만 아무도 응대하는 사람이 없었다. 놈들은 또 사람들 속에서 10여 명의 청년들을 끌어내어 한쪽에 따로 몰아세웠다. 25살 나는 나의 숙부도 끌려나가는 것을 보고 할머니는 통곡을 멈추지 못하였고 누구 하나 비통해 하지 않는 사람이 없었다. 놈들은 흩어져 여러 집에 들어가 귀중품들을 약탈하고나서 숙부와 10여 명 청년들을 압송해 갔다. 그뒤로 그들은 행방불명이 되었고 생사를 알 수가 없었다. 숙부가 끌려간 뒤 가족들은 모두 비분에 잠겨 울음을 터뜨렸다. 특히 연만하신 할머니는 주먹으로 가슴을 치며 통곡하셨다. 그뒤로 할머니는 눈물이 말라 실명하셨고 한동안 몸져 누우시더니 끝내 세상을 뜨시고 말았다.

그 몇 놈의 일본병정이 물러간 뒤 2시간도 채 안 되어 또 다섯 놈의 일본병정이 들어와서 우리를 다시 뜨락에다 몰아세우더니 불문곡직하고 총검으로 사람을 마구 찌르거나 총탁을 휘둘러댔다. 뜨락에 있던 사람들은 누구도 그 마수를 피하지 못하였다. 15살 밖에 안된 나마저 아무런 까닭 없이 총검에 종아리를 찔려 피가 철철 흘렀다. 이때 뜨락에서 통곡소리와 함께 그들의 만행을 크게 꾸짖는 소리가 들리더니 한 어르신이 피못에 쓰러지고 또 여러 명의 부녀자가 강간을 당하였다!

할아버지는 여기도 안전치 못했으므로 우리가 전에 살던 곳으로 돌아갈 생각이었다. 며칠이 지나서 할아버지는 나에게 '우리 밍와랑(明瓦廊)에 가보자!' 고 하셨다. 그리하여 우리 조손 두 사람은 닝하이(寧海)로 길목에 이르렀고 길가에는 수많은 백성들의 시체가 나뒹굴고 있었다. 어떤 시체는 팔이 없었고, 어떤 시체는 다리가 없었다. 창자가 밖으로 흘러나온 사람이 있는가 하면 심지어 머리가 잘려나간 사람도 있었다. 피바다에 얼룩진 거리의 참상은 차마 눈을 뜨고 볼 수가 없었다. 길가의 집들은 불에 타고 약탈을 당하여 텅텅 비어 있었고 대문마저 뜯겨나가고 없었다. 한 건물 입구에 보초병 몇 놈이 서 있을 뿐 거리에는 산 사람이라곤 거의 보이지 않았다. 우리가 보초병과 멀지 않은 곳에 이르렀을 때, 놈들이 뭐라고 고함을 질렀으나 우리는 알아듣지 못하였고 아마도 서라고 하는 것 같아서 우리는 걸음을 멈춘채 꼼짝하지 않았다. 그러자 한 놈이 다가와 총검으로 할아버지의 모자를 벗기고 이어 가슴을 찔렀다. 할아버지는 손으로 가슴을 움켜쥐었는데 손가락 사이로 피가 흘러내리며 옷섶을 적셨다. 내가 급히 손수건을 할아버지에게 드렸으나 고작 손수건 하나로는 흐르는 피를 막을 수 가 없었다. 할아버지는 땅에 주저앉아 일어서지 못하였다. 놈은 우리를 무섭게 노려보더니 할아버지를 밀어서 넘어뜨렸다. 한참 지나서야 다른 두 놈이 우리에게 가라고 손짓을 했다. 할아버지는 간신히 나에게 "우리 되돌아가자!" 라고 말씀했다. 나는 할아버지를 부축하여 이허로에 돌아왔다. 며칠 안 되어 할아버지는 상태가더 심각해지어 끝내 돌아가시고 말았다.

일본군의 폭행은 날로 창궐해져 하루에도 여러 차례 우리가 살고 있는 곳을 다녀갔다. 12월 20일에는 무려 8차례나 왔다 갔으며 번마다 적게는 2,3명, 많게는 7,8명이 와서 재물을 약탈하고 사람을 체포하고 죽였으며 또 부녀자들을 강간하였다. 심지어 60여 세된 할머니와 어린 여자애마저 겁탈하였으니 어떻게 살 수 있었겠는가? 당시 한 뜨락에 함께 살고 있던 대여섯 가구의 사람들은 밤도와 땅굴을 팠다. 아침마다 연로한 사람 두셋이 남아 망을 보는 외에 나머지 사람들은 전부 동굴 안에 몸을 숨겼다가 해질 무렵에야 나오곤 하였다. 그렇게 반달 남짓이 지난 어느날, 일본병정 몇 놈이 와서는 망을 보고있던 노인에게 '화꾸냥' 을 내놓으라고 했다. 없다고 하자 놈은 총으로 노인을 단방에 쏴 죽였다. 피난민구역으로 처음 이사왔을 때에는 우리 뜨락에 함께 살던 사람이 3,40여 명 잘 되었지만 열흘도 채 안되는 사이에 17,8명 밖에 못 남았다.

주시성(왼쪽 세 번째)

44. 주시성(朱錫生)의 구술——국제안전구역 푸인탕(福音堂) 부근 강변에서 나는 일본군의 칼에 목을 찔렸다.

나는 고향이 안후이(安徽) 서우(壽)현이다. 1931년 고향에서 생활이 힘들어 아버지를 따라 살길을 찾아 난징으로 왔다. 아버지는 고물장사를 하며 폐품을 팔았고 나도 따라다니며 넝마를 주었다. 그렇게 우리 부자는 겨우 생계를 유지하였다.

1937년에 나는 22살이었다. 일본군은 음력 동짓달 열 하룻날(12월 13일) 난징을 공략하였다. 일본군이 시내로 들어오기 전에 우리는 국제안전구역으로 피신했다. 그때는 푸인탕이라고 불렀는 데 지금의 제19중학교이다.

어느날 오후 4시쯤에 일본병정들이 사람을 붙잡으러 왔다. 나는 아픈 척 땅바닥에 누워 이불을 덮고 있으며 놈들에게 피난민수용소의 증명서를 보여주었다. 하지만 놈들은 그것을 보지도 않고 찢어버렸다. 나는 다른 두 사람과 함께 강가로 끌려갔다. 강가에 이르자마자 다른 두 사람이 먼저 놈들의 칼에 맞아 죽었다. 뒤이어 한 놈이 나를 죽이려 하자 나는 그들에게 집에 80여 세의 노인을 모셔야 하니 살려달라고 빌었다. 그들이 알아듣지 못 할가봐 나는 손짓으로 수염이 아주 길다는 흉내를 내었다. 한창 그러고 있는데 갑자기 다른 세 놈이 다가오더니 내가 그들을 자세히 볼 사이도 없이 한놈이 칼을 들어 내 뒷덜미를 내리쳤다. 나는 당장 땅에 쓰러졌다. 나는 속으로 짐작한 바가 있었으므로 입고 있던 헌 외투의 옷깃을 입으로 꽉 깨물고 죽은 체 하였다. 몇 분이 지나서 놈들이 발로 나를 툭툭 건드렸으나 나는 그냥 죽은 체하고 꼼짝하지 않았다. 놈들은 "죽었군, 죽었어" 하며 가버렸다.

때는 해질무렵의 5시 가량 되어 날이 점차 어두워졌다. 나는 상처가 참을 수 없이 아팠고 옷에는 온통 끈적끈적한 피로 얼룩져 있었다. 날이 어두워진 데다 놈들도 가버렸으므로 얼른 도망쳐야겠다고 생각한 나는 아픔을 참고 피난민수용소로 도망쳤다. 거리에는 곳곳에 시체들이 널려 있었다. 나는 비틀거리며 가까스로 살던 곳까지 왔다. 아버지는 내 몰골에 경악

하였고 겁에 질린 피난민수용소 사람들은 나를 감히 그곳에 받아두려 하지 못하였다. 다행히 마음씨 착한 이웃들의 도움으로 향을 태운 재를 얻어 상처에 뿌리고 붕대로 싸맨 다음 밤도와 나를 꽤 멀리 떨어진 허름한 초갓집에 업어다 주었다. 아버지만은 남아서 나를 지켜주었지만 먹을 것이 없어 꼬박 사나흘을 아무것도 먹지 못하였다. 더는 견딜 수가 없게 되자 아버지는 위험을 무릅쓰고 나를 집으로 데려갔다. 다행히 주변에 몇몇 이웃들이 살고 있었으므로 먹을 것을 조금 구할 수 있었다.

겨우 양력으로 설날(1938년 1月1일)까지 버텨왔는데 그날은 마침 눈이 내렸다. 내가 막 구둣발 소리를 들었을 때는 놈들이 이미 집안에 들어섰다. 놈들은 자고있는 나의 어깨를 잡아일으키더니 손목에 시계가 있는지를 검사하였다. 그러다가 시계는 없고 목에 상처가 있는 것을 보고는 나를 추궁하기 시작하였다. 나는 감히 놈들의 칼에 맞았다는 말를 하지 못하고 입으로 "쿵", "쾅" 소리를 내며 손짓으로 일본 비행기 폭격에 맞은 것이라고 하였다. 그렇게 또 한 고비를 넘긴 셈이었다. 이웃 사람들은 나더러 구러우(鼓樓)병원에 가서 치료를 받으라고 했지만 나는 감히 가지 못하고 집에서 석달 가량 약 100여 일을 누워 있어서야 상처가 차차 낫기 시작여 일어나 움직일 수 있었다. 지금도 내 목덜미에는 3~4치 길이의 흉터가 남아있다.

내가 이렇게 불상사를 겪는 통에 아버지는 너무 놀란 나머지 아무렇지도 않던 사람이 졸지에 치매에 걸렸는가 싶더니 이듬해 9월을 넘기지 못하고 세상을 뜨시고 말았다. 몸에 상처를 입은 나는 일을 할 수가 없었고 살아가기가 어려웠으므로 31살이 되어서야 겨우 가정을 이루었다. 내가 겪은 이 고난의 경력은 나의 이웃들과 내가 근무했던 물자회수회사의 동료들이 다 알고 있는 사실이다.

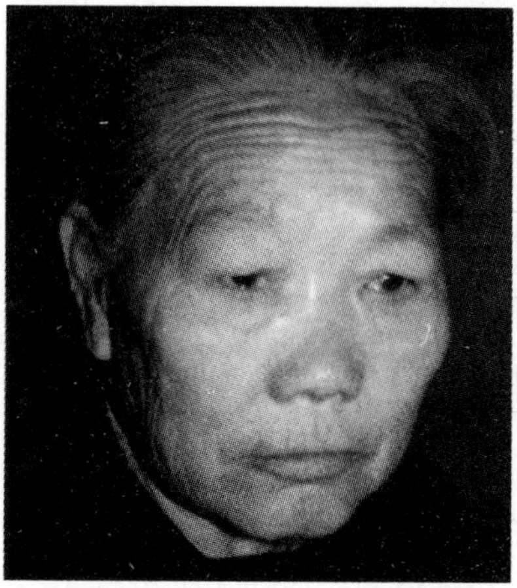

45. 주까오(朱高)씨의 구술——국제안전구역 따팡온(大方巷) 피난민수용소에서 나의 남편 리덴룽(李殿榮)과 오빠가 일본군에게 끌려가 살해되었다.

1937년 12월 13일 난징 시내에 쳐들어 온 일본군은 도사처에서 살인과 방화를 일삼으며 온갖 만행을 다 감행하였다. 그통에 나의 남편과 오빠가 놈들에게 살해되었다.

당시 우리는 국제안전구역에 있는 따팡샹 피난민수용소로 피신하였는데 나에겐 5살과 3살배기 아이가 있었고 또 배속에 셋째를 임신중이었다. 나의 남편 리덴룽은 이불과 담요를 가지고 우리를 찾아오다가 놈들에게 붙잡혀 끌려갔다. 내가 울며불며 사처로 찾아나섰지만 사람은 보이지 않고 이불만 덩그러니 남아있었다. 한쪽 옆에는 거적으로 덮은 시체가 놓여있었으므로 거적을 벗겨보니 남편은 아니었다. 나중에 전해들은 바로는 남편 역시 일본군에게 피살되었다고 한다. 연로하신 시아버지에 애들만 줄줄이 딸린 나는 더이상 살아갈 방법이 없게 되자 화이안(淮安) 시골로 내려갔다. 친정에는 오빠가 놈들에게 살해되고 아들과 사위가 잇달아 놈들에게 피살되자 어머니마저 슬픔과 울화병으로 돌아가셨다.

나는 길을 가던 한 행인이 뒤로부터 놈들의 칼에 맞아 머리가 둘로 갈라지며 쓰러져 죽는 것을 보았다. 그리고 또 두 사람이 피살되었는 데 놈들은 그중 한 사람의 배를 가르고 살가죽을 벗기었고 다른 한 사람의 머리를 잘라서는 발로 걷어차는 것이었다. 그때 지금의 제4중학교[당시는 싼민(三民)중학교였음] 도서관과 수리과학연구원 부근에서 놈들에게 살해된 사람이 매우 많았고 한중먼(漢中門) 밖에서 죽은 사람도 많았다. 그들은 모두 놈들의 기관총에 사살되었다.

46. 왕청셴(王承賢)의 구술——국제안전구역 따팡샹(大方巷) 피난민수용소에서 나의 세 오빠가 일본군에게 잡혀간 뒤로 다시는 돌아오지 못하였다.

1937년, 나는 14살이었고 우리 집은 창장(長江)로 두따이잉(肚帶營) 12번지에 있었다.

1937년 12월 초, 일본군이 난징을 공략하기에 앞서 우리 일가족은 두따이잉에서 국제안전구역의 따팡샹 피난민수용소로 피난해 갔다. 놈들이 난징에 쳐들어온지 나흘째 되던 날(16일), 놈들은 우리가 들어있는 피난민수용소에 쳐들어와 사람들을 모조리 밖으로 내모는 것이었다. 그때 나의 두 오빠 왕청쉰(王承勳), 왕청자오(王承釗) 그리고 사촌형 왕청징(王承景)이 놈들에게 잡혀 간뒤로 더는 돌아오지 않았다. 우리 어머니가 사처로 다니며 찾아보았지만도 끝내 찾지 못하였다. 아마도 놈들에게 살해되었을 것이다.

싼탸오샹(三條巷)에 더 있을 수 없게 된 우리는 진링(金陵)여자문리학원 피난민수용소로 피난하였고 2개월이 지나서야 싼탸오골목으로 돌아왔다.

47. 저우사오화(周紹華)의 구술——국제안전구역 진링(金陵)여자문리학원 부근 골목에서 나는 일본군이 한 중국 청년의 옷을 벗기고 칼로 난도질하는 것을 직접 보았다.

1937년, 우리 집은 난징 서부의 타이핑웬(太平苑) 5번지에 살고 있었고 집에는 나를 포함하여 어머니 저우우(周吳)씨, 누나 저우슈란(周秀蘭), 형 저우사오룽(周紹榮)이 있었다.

일본군이 난징에 쳐들어기 전에 우리 가족은 구러우(鼓樓) 얼탸오샹(二條巷) 진인제(金銀街)의 피난민수용소로 피난 가서 미국인이 있던 빈방에 들었다. 그곳에는 미국 국기가 걸려 있었으므로 일본군이 함부로 들어오지 못하였다.

일본군이 난징대학살을 감행하던 그때 나는 진링(金陵)여자문리학원 부근 골목에서 손에 군도를 든 일본군 두 놈이 한 중국 청년의 옷을 벗기고는 군도를 뽑아 난도질 하는 것을 목격했다. 너무도 놀란 나는 황급히 줄행랑을 놓았다.

또 한번은 한중(漢中)로에서 놈들이 수많은 젊은이들을 잡아다가 하나하나 머리에 모자 흔적이 있는가를 검사하고는 흔적이 있는 사람은 '중국군' 으로 간주하여 잡아다 총살하는 것을 보았다. 당시 난징시내에는 도처에 놈들에게 살해된 백성들의 시체가 널리있었다.

나는 그때 18살이었던 나도 놈들의 검사에 걸려들었다. 나는 구러우(鼓樓)비탈에서 약 100여 m 떨어진 진인제(金銀街)에서 놈들에게 붙잡혀 짐꾼으로 끌려 가던 도중 놈들이 주의하지 않는 틈을 타서 숲속으로 도망쳐 숨었다. 그 후 더는 놈들에게 잡히지 않아 목숨을 부지할 수 있었다.

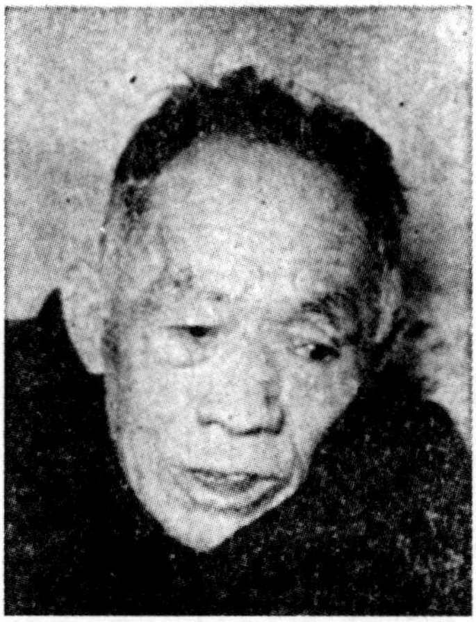

48. 선시언(沈錫恩)의 구술——떠우차이챠오(豆菜橋) 28번지의 피난민수용소에서 일본군은 세살 밖에 안 되는 나의 어린 딸 선웨윈(沈月雲)을 땅에다 메쳐 죽였다.

일본군이 난징을 강점하기 전까지 우리 집은 지어샹(鷄鵝巷) 예배사(禮拜寺)에 살고 있었으며 부모님과 우리 내외, 그리고 아이 다섯 명을 포함하여 식구가 모두 아홉이었는데 나와 아버지는 모두 이슬람교의 이맘(阿訇)이었다.

1937년, 음력으로 10월 말에 들어서면서 정세가 긴장해지자 우리는 더우차이챠오(豆菜橋) 28번지의 피난민수용소로 피난하여 2층에 살았다. 12월 13일, 일본군은 시내로 들어오자마자 방화, 살인, 약탈을 서슴없이 감행하였으며 놈들이 이르는 곳마다 졸지에 지옥으로 변하였다. 어느날, 더우차이챠오에 일본병사 세 놈이 오더니 그중 한 놈이 우리 집에 들이닥쳤다. 그때 집 뒤켠에 이웃으로 살던 리쿼 페이(李擴飛)는 28살의 노처녀였다. 그녀는 일본놈을 보자마자 잽싸게 세살잡이 나의 딸 웨윈(月雲)을 품에 끌어안고 우리 옆에 앉으면서 자신을 아이 달린 엄마로 위장하였다. 하지만 놈은 이쁘장한 그녀의 모습을 보더니 강제로 품에서 웨윈을 빼앗아 내동댕이쳤나. 아이는 그대로 벽에 부딛히며 땅바닥에나 떨어졌다. 놈은 곧장 쿼페이를 억지로 안방에 끌고가서 겁탈하였다. 땅바닥에나 떨어진 나의 딸 웨윈은 초주검이 되어 두 눈을 치뜨고 있다가 이틀 뒤에 죽고 말았다. 나중에 쿼페이(擴飛) 모녀는 진링(金陵)대학교 피난민수용소로 숨어 들었으나 놈들이 끊임없이 찾아와 괴롭혔으므로 더이상 갈 곳이 없게 되자 그들 모녀는 결국 진링(金陵)대학 캠퍼스 안에 있는 못물에 뛰어들어 자살하려 했다. 다행히 지나가던 사람에 의해 구원되었지만.

1938년 음력 정월(1월 31일 정월 초하루), 많은 회족인 피해자 가족들이 함께 찾아와서 나와 마창파(馬長髮), 왕서우런(王壽仁), 거창파(戈長髮), 마즈허(痳子和), 장즈후이(張子惠), 그리고 나의 아버지 선더청(沈德成) 등 회족인 이맘들이 나서서 시체를 수습하여 줄 것을 청구하였다. 그리하여 나는 당시 유지회의 책임자를 맡고 있던 순수룽(孫淑榮, 회족)을 찾아가 도움을 구하였고 자체로 신원 증명용 완장을 만들었으며 회족인수습대를 무어 회족인 동포들의 시체를 수거, 매장하기 시작하였다.

우리가 매장한 첫번째 시체는 지어샹의 이슬람교 사원을 지키던 장(張)노인이었다. 60이 넘은 그는 땅에 엎드린 채 죽어 있었고 방치된지 꽤 오래되어 시체가 이미 썩기 시작하였다. 종교 관례에 따라 먼저 시체를 깨끗이 훔치고 토장을 해야 했다. 시체를 닦으려면 옷을 벗겨야 했으나 어떤 시체들은 이미 옷을 벗길 수 없게 되어 부득이 가위로 옷을 잘라내었다. 토장도 평소처럼 세심하게 하지 못하였다. 담이 크고 튼튼한 사람들이 시체 수거를 담당하였고 나와 몇몇 허약한 사람들은 장례의식을 맡았다.

매장 장소는 주로 홍투챠오[紅土橋, 오늘의 광저우(廣州)로], 둥과스(冬瓜市, 오늘의 난징사범대학), 우타이산(五台山) 등 세 곳이었다. 홍투챠오와 둥과스에 가장 많이 묻었고 또 쥬화산(九華山) 등 지에도 더러 묻었다.

우리는 약 3개월 동안 줄곧 시체 매장을 담당하였다. 거의 매일같이 우리에게 시체 수거를 부탁하는 사람들이 찾아왔다. 적게는 하루에 2,3구, 많게는 7,8구에 달하였으며 평균 하루에 4,5구는 되었다. 가끔 일손이 딸릴 때면 두 개 조로 나누어 진행하였다. 처음에는 1구를 수습할 때마다 등록을 하였으나 나중에는 일일이 적을 수가 없어 일괄 등록으로 대체하였다. 우리가 수거하여 매장한 총 수효는 4백여 구에 달하하였고 전부 지어샹 이슬람교 사원 주변에서 피살된 회족인들이었다. 수거한 시체에는 남녀노소가 다 포함되었다. 모자가 함께 살해된 경우도 있었는데 일여덟살 밖에 안되는 아이는 얼굴을 엄마쪽을 향한채 참혹하게 죽어 있었다. 당시 난징시내에는 도처에 주검들이 널려있었고 우룽탄(烏龍潭)에는 시체들이 물 위에 둥둥 떠다녔다 그 큰 못에 물이 보이지 않을 정도였으며 못물도 빨갛게 물들어 있었다. 쥬화산(九華山) 기슭에도 미처 수거하지 못한 시체들이 쌓여있었다. 아직도 나는 그 때의 참상을 생각하면 참말로 기가 막힌다.

거리와 마을, 사당, 강변, 야외에서 일본군에게 폭행을 당한 11명 생존자의 구술

49. 창즈챵(常志强)의 구술——피난 도중 왕푸웬(王府園)에서 우리 가족 6명이 일본군에게 살해되었다.

나는 창즈챵이라고 하며 1928년생이다. 나는 원래 따이(戴)씨 성이었지만 항전 승리 후 성을 바꾸었다. 1937년, 음력으로 동짓달 열 하룻날(12월 13일), 일본군이 난징에서 대학살을 감행하였다. 당시 우리 집은 시내 동부의 빠바오졔(八寶街) 1번지에 있었고 증조할머니, 할머니, 부모님, 누나 따이꾸이전(戴桂珍)과 나 그리고 남동생 4명을 포함하여 식구가 모두 11명이나 되었다. 아버지 성함은 따이잉쥔(戴英俊)이었고 어머니는 장(張)씨였으며 당시 우리 집은 진링자(金陵閘) 부근에서 작은 가게(판자집)를 경영하며 일용잡화(담배, 성냥 등)를 팔아 생계를 이어갔다.

일본군은 난징을 공략하기 전에 먼저 빠푸탕(八府塘)을 폭격하였다. 어느날 밤엔가 많은 사람들이 일본군의 폭격에 죽고 불에 타 죽었다. 어떤 사람은 폭격에 몸이 갈기갈기 찢어져 있었다. 달동네였던 그곳은 태반이 초가집이었으므로 폭격에 큰 불이 일면서 집들이 죄다 볼품없이 타버렸다. 그리하여 사람들은 극도의 공포와 혼란속에서 급급히 타지로 피난을 떠났다. 한동안 지나서 일본군이 난징에 가까이 쳐들어오자 정세는 더욱 긴장해졌다. 증조할머니는 아버지에게 "어서 피난민(안전)구역으로 도망들 가거라. 난 늙었으니, 이대로 하늘에 운명을 맡길테다!"라고 하셨다. 눈물을 흘리면서 작별을 고한 부모님은 우리 형제 여섯을 데리고 피난길에 나섰다. 그때 누나는 11살, 나는 10살 미만이었으며 남동생 아룽(阿龍)은 8살, 아싼(阿三)은 6살, 샤오파(小發)는 4살, 가장 어린 남동생 샤오라이(小來)는 젖먹이었다. 진링자를 빠져나온 우리는 피난민수용로 향하였다.

이튿날(13일) 날이 밝자 우리는 죽으로 대충 요기한 다음 막 떠나려는데 시내를 향해 퍼붓는 놈들의 포성이 들려왔다. 사람들은 허둥지둥 방공굴로 들어가 숨거나 사처로 흩어지며 대피할 곳을 찾았다. 나중에 포성이 점차 줄어들자 어떤 사람들은 도시가 이미 함락되었을 것이라고 했다. 모두들 피난민수용소로 달려가려는 참인데 일본군이 들이닥쳤다. 놈들은 피난민을 향해 사격을 하고 또 총검으로 찌르고 군도를 휘둘렀다. 피난민들은 울고 불고 우왕좌왕하면서 아수라장을 이루었고 어떤 사람은 나서서 반항하기도 하였다. 겨우 네이챠오(內橋)를 지난 우리 가족은 신졔커우(新街口) 피난민수용소가 아직 멀리 떨어져 있었으므로 더이상 감히 나아가지 못하고 장푸웬(張府園)의 어느 집 뜨락에 숨어 들었다. 하지만 결국 놈들에게 발각되었고 놈들은 나의 아버지와 두 남동생을 총으로 쏴 죽였으며 나의 11살밖에 안된 누나 따이꾸이전(戴桂珍)을 강간하고 살해하였다. 그때 어머니는 두살된 어린 남동생을 안고 있다가 가슴에 칼을 맞았으나 남동생을 품에서 놓지 않자 놈들은 어머니를 한번 더 찔렀다. 그제야 어머니는 남동생을 떨어뜨리며 그대로 땅에 쓰러졌고 가슴에서는 선지피가 흘러내렸다. 남동생은 자지러지게 울며 젓을 먹으려고 어머니의 품을 찾았고 신발마저 벗겨졌다. 나는 얼른 달려가서 남동생을 어머니 품에 안겨주었고 어머니는 있는 힘을 다해 옷깃을 풀어 남동생에게 젖을 먹이려고 하였으나 심하게 찔린 가슴의 상처 때문에 그대로 숨을 거두고 말았다. 나는 너무 놀란 나머지 눈앞이 캄캄해져 정신을 잃었고 나중에 부근의 장씨 아주머니가 나를 구해주었다.

후에 식구들의 시체는 홍만자회(紅卍字會)에 의해 왕푸웬(王府園) 뒤쪽의 채소밭에 묻히었다. 당시 시체를 수거하던 사람에게 물어보니 어린 남자애가 죽은 엄마 품에 매달려 젖을 먹다가 죽었는 데 눈물, 코물에 젖까지 함께 얼어붙어 떼어낼 수 없었다고 하였다. 나는 울면서 그들은 나의 가여운 엄마와 남동생이라고 말하였다!

50. 장껀푸(姜根福)의 구술——샤관(下關) 창강(長江) 기슭에서 일본군은 나의 어머니를 총살하고 남동생을 메쳐죽였으며 칼로 누나를 베어죽였고 아버지를 붙잡아 갔다. 졸지에 나는 집과 가족을 잃었다.

우리 가족은 부모님과 두 누나, 남동생 셋과 나를 포함하여 모두 8명이었고(큰 누나가 있었는 데 너무 가난해서 일찍 남에게 주었다고 한다) 원래는 샤관(下關) 창강기슭의 낡은 배 위에서 살았다. 나는 원래 성이 쟝(姜)씨가 아닌 쉬(徐)씨였다.

1937년 12월 13일, 중국 침략 일본군은 난징에서 대대적인 학살을 감행하였다. 아버지는 놈들은 피해 우리를 데리고 농촌으로 피신할 생각이었다. 우리는 싼차허

(三汊河) 방향을 향해 노를 저었으나 스량주(石梁柱)에 이르러 배가 물이 새면서 더이상 갈 수 없게 되자 부득이 배를 버리고 뭍으로 올라와 저습지의 언제를 따라 걸었다. 강기슭에는 상태가 비교적 괜찮은 가옥 십여 채 있었으나 주민들은 모두 도망가버리고 집들은 텅 비어 있었다. 이곳이 놈들에게 쉽게 발각될 것 같았으므로 우리도 감히 묵지 못하였다.

은폐하기 쉽도록 아버지는 두 누나를 데리고 어머니는 우리 남자형제 넷을 데리고 두 패로 나누어 갈대밭에 몸을 숨겼다. 하지만 약 100여 m 간격을 두고 만일의 경우에 서로 도울 수 있게 하였다. 기아에 시달린 어머니는 젖이 나오지 않았고 어린 남동생은 배가 고파 젖을 달라고 보채며 울었다. 이때 일본군 10여 명이 언제를 지나다가 아이의 울음소리를 듣고 찾아와 어머니를 발견하고는 끌고가서 강간하려 하였다. 어머니가 남동생을 품에 안은 채 결사적으로 반항하자 잔인한 놈들은 어머니의 품에서 남동생을 빼앗아 땅에다 힘껏 메쳤다. 어머니가 비명을 지르며 즉사한 남동생에게 달려가자 놈들은 어머니의 등에 대고 총을 두 발이나 쏘아 죽였다.

놈들이 물러간 뒤에 아버지는 판자와 거적을 구해다 어머니와 남동생을 그곳 저습지에 묻었다. 더 안전한 곳을 찾지 못한 우리는 여전히 갈대숲에 숨어 있었다. 사흘째 되던 날(16일), 아버지는 놈들에게 발각되어 붙잡혀갔고 그뒤로 더는 아버지의 소식을 알 수 없었다. 또 이틀이 지나서(18일) 놈들이 다시 갈대숲을 수색하다가 11살 나는 둘째 누나를 발견하고 강간하려 들자 둘째 누나는 죽을 힘을 다해 도망쳤지만 결국 지금의 운하학교 부근에서 놈들에게 잡히고 말았다. 둘째 누나가

욕설을 퍼부으며 죽기살기로 덤비자 일본군관 한 놈이 군도를 빼내더니 단칼에 누나를 머리부터 두쪽으로 갈라놓았다. 이렇게 불과 며칠 사이에 놈들은 나의 어머니를 살해하고 남동생을 메쳐 죽이고 둘째 누나를 칼로 베어죽였으며 또 아버지를 붙잡아갔다. 뒤에 남은 우리 남매 넷은 졸지에 의지가지 없는 고아가 되고 말았다. 수년 동안 떠돌이로 살다가 나와 두 남동생은 남에게 입양되어 나는 쟝(姜)씨로, 두 남동생은 각각 양(楊)씨와 따이(戴)씨로 성을 바꾸었다. 형제 셋이 서로 다른 성을 갖게 된 것이었다. 나의 셋째 누나는 민며느리로 끌려갔다가 구박과 학대에 못이겨 목을 매 자살하고 말았다.

51. 리까오산(李高山)의 구술——빠즈산(八字山) 공관과 부근 늪가에서 나는 두 차례나 일본군의 총부리를 피해 도망쳤다.

나는 본적이 광둥(廣東) 마오밍(茂名)시 허우제(后街) 진광수스(錦光書室)이며 1925년생이다. 내가 11살과 12살 때 부모님이 잇달아 돌아가셨고 생계를 위하여 나는 13살에 군부대에 가서 광둥(廣東)군 제154사단 제3연대 제3중대의 근무병으로 복역하였다. 때는 1937년 여름이었고 일본군이 상하이(上海)를 공격하자 나는 부대를 따라 상하이 방어전에 나섰다. 우리 부대는 먼저 쑤저우(蘇州)에 도착하였는데 철길이 파괴된 뒤라 부득히 걸어서 전진해야 했다. 그러나 우리가 목적지에 도착하기도 전에 원래 있던 부대가 이미 명령을 받고 퇴각하기 시작하였으므로 우리도 함께 난징으로 철수하였다.

1937년 12월 13일 난징이 함락되었다. 그날 우리는 시내 북부 샤관(下關)의 바오타챠오(寶塔橋) 일대에서 강을 건너 퇴각하려 하였으나 강에는 배가 한 척도 없어 창강을 건널 수 없었다. 밤이 되어 우리가 이장먼(挹江門)으로 입성하려 하였으나 성문이 이미 모래주머니에 쌓여 막혀있었다. 어둠을 타서 우리는 밧줄을 이용하여 성벽을 넘어 시내로 들어갔다.

이튿날(14일) 아침, 우리는 이장먼 길가에서 일본군에게 무장 해제를 당하고 포로가 되었다. 우리는 많은 사람들이 일본군에게 팔을 뒤로 포승줄에 묶이었고 날이 어두어지자 빠쯔산 공관의 몇 채 양옥으로 끌려갔다. 방안에는 수백 명이 콩나물시루처럼 빼곡이 들어차 있었다. 밤 여덟시쯤 되여 놈들은 별안간 창문으로 안쪽을 향해 기관총을 소사하였다. 대부분 사람들이 당장에서 숨졌다. 나는 얼굴과 몸에 피범벅이 되었으나 총에 맞지는 않았다.

살아남은 나와 십여 명 포로들은 층계를 따라 2층으로 도망쳤다. 이때 놈들은 1층에 쓰러진 동포들 시체에다 휘발유를 뿌리고 불을 질렀다. 짙은 연기와 불길이 2층을 덮치자 우리 십여 명은 급히 2층 베란다에서 뛰어내려 도망쳤다. 떨어지면서 다리를 상한 사람들은 더 도망치지 못하고 놈들에게 살해되었다. 살아 남은 우리 여섯 사람은 어둠을 타서 담을 넘고 한 건물 옥상에 올라가 옹벽뒤에 숨었다. 그리고는 꼬박 5일 동안 아무것도 먹지 못하고 지냈다. 나중엔 결국 맞은편에 있던 놈들에게 발각되었다. 우리 여섯은 다시 포승줄에 묶여 부근의 늪가로 끌려갔다. 놈들은 나와 함께 도망치던 다섯 사람을 당장에서 사살하였으나 나만은 죽이지 않았다. 내가 아마 너무 어려보여서 그랬던지 놈들은 내 머리를 만지기도 하고 놀리기도 하더니 후에 나를 일본군 병영으로 끌고가 인부로 부려먹었다. 그 부대 이름이 '가나노 제3기병부대' 로 기억된다. 며칠 후 그 부대가 부자묘(夫子廟) 좡웬징(壯元鏡)에서 우한(武漢)으로 이동하게 되면서 나에게 '가나노 제3부대의 인부임' 이라고 쪽지를 써주었다.

그렇게 나는 놈들의 총부리 앞에서 2번이나 살아 남게 되었고 후에는 국제안전구역 닝하이(寧海)로 피난민수용소에 숨어 들어 목숨을 부지할 수 있었다.

52. 주스성(朱世聖)의 구술——시좡(西庄) 산비탈에서 동행인 13명 중 6명이 일본군에게 살해되었고 나는 요행 살아 남았다.

우리는 1937년 동짓달 초 나흗날(12월 6일)에 피난을 떠났다. 그날 밤 난징 교외의 거즈산(個子山)에 이르러 작은 숲속에서 하루 밤을 지냈다. 초 닷샛날(7일) 이른 아침, 우리 13명(그 중 여자가 4명)은 집으로 돌아갈 생각이었고 눈이 부실부실 내리기 시작했다. 딩수(丁墅)를 지난지 얼마 안되어 시좡부근에 은폐할 장소가 있었는데 흙으로 대충 만들었고 시멘트도 사용하지 않은 곳이었다. 우리는 그곳에서 산비탈을 오르다가 일본병사들과 맞닥뜨렸다. 놈들은 우리를 향해 오라고 손짓했다. 우리가 놈들 앞으로 다가가자 놈들은 우리의 몸을 수색을 하면서 남자들은 옷을 몽땅 벗게 하였고 여자들은 수색하지 않았다. 예전에 둥잉팡(東營房)에서 외지 사람 하나가 우리 마을에 와서 군복을 팔았었는데 많은 사람들이 그것을 사서 입고 있었다. 나와 스까오차이(時高才)를 제외한 나머지 몇 사람은 모두 군복을 입고 있었으므로 놈들은 당장에서 그들을 죽여버렸다. 첫 번째로 살해된 사람은 장칭산(張慶山)이었는데 자기는 탈장증 때문에 무거운 물건을 들지 못한다고 하자 놈들은 군도로 그의 목을 베었다. 머리는 그대로 잘려지고 뒤쪽에 가죽만 조금 붙어있었다. 나머지 다섯 사람도 총검에 찔려 죽였다.

장창성(張長生), 몸에 칼로 11차례나 찔려서야 죽었다.

리위번(李餘本), 단칼에 찔려 죽었다.

스원룽(時文榮), 단칼에 찔려 죽었다.

리위윈(李餘云), 단칼에 찔려 죽었다.

다른 마을의 한 남자 역시 단칼에 찔려 죽었다.

이 다른 마을 사람은 흰 광목을 허리띠로 삼아 허리에 두르고 있었는데 놈들은 그를 죽이고 나서 허리띠를 풀어 두 쪼각으로 찢더니 그 위에다 '대일본 예비용 인부'라고 써서 나와 스까오차이더러 각각 팔에 두르게 하고 총과 탄알을 메어 나르게 하였다. 일본병사 한 놈이 맞아 죽자 놈들은 나에게 방아쇠를 없앤 총을 나에게 주며 메라고 하였다. 그밖에 가방 하나가 더 있었는데 여간 무겁지 않았지만 그대로 메고 가야 했다. 당시, 일본군은 딩쑤 이쪽에 있었고 중국 수비군은 딩쑤에서 약간 떨어진 한 사당에다 기관총을 걸어놓고 격전을 벌였다. 빗발치듯 오가는 총알에 흙먼지가 마구 튀어올랐다. 놈들은 나를 앞장서게 하고 자기들은 뒤에서 걸었다. 날이 어두워지면서 총격이 뜸해지기 시작했다. 총격전이 벌어지는 동안 나는 도랑에 깊숙히 몸을 숨기고 겁어질려 꼼짝을 못했다. 밤이 되자 중국 군대는 전투를 멈추고 난징으로 철수하였다. 놈들은 딩쑤에 머물면서 나더러 자기들과 한방에서 자라고 하였고 그들은 안쪽에, 나는 문어구에서 쪼크리고 누웠다. 놈들은 여러 차례 드나들면서 나의 발을 밟았다. 밤에 내가 뒤를 보려고 나와보니 보초서는 놈이 있었다. 밤이 더 깊어지자 더는 보초서는 사람이 없었고 나는 물을 길으러 나왔다가 멀지 않은 곳에 몸을 숨겼다. 딩쑤의 한 사람도 나와 함께 숨었다. 날이 훤하게 밝은 뒤 웬 할머니가 오셔서 "이젠 나오게, 일본놈들이 갔어.” 라고 해서야 우리는 밖으로 나왔다. 할머니는 우리를 데려다 아침을 먹게 했으나 나는 전혀 음식을 넘길 수가 없었다. 나중에 나는 완안(萬安)에 있는 장인의 집으로 도망쳤다.

일본놈들이 시쫭에서 사람을 죽일 때 나와 스까오차이는 높은 곳에서 똑똑히 볼 수 있었지만 저우파위(周發餘)와 장파더(張發德)는 지세가 낮은데 있다보니 직접 보지는 못하였다. 놈들은 사람을 죽이고 나서 시체를 못에다 집어던졌으므로 못물이 온통 빨갛게 물들었다. 며칠이 지나지 않아 죽은 사람들의 가족들이 와서 제각기 시체를 찾아다 밤도와 시체를 묻었다.

나의 형 주스챵(朱世强)은 당시 나보다 2살 우인 24살이었고 놈들이 들이닥치던 날 잡혀간 뒤로 다시 돌아오지 못하였다.

나의 아버지는 성함이 주화이린(朱懷林)이었다. 놈들은 아버지와 따이춘란(戴春蘭)을 붙잡아 시잉팡(西營房)에서 밥을 짓게 하였는데 그들은 며칠간 밥을 해주고는 틈을 타서 집으로 도망쳐왔다. 선달 초 열흘날(1938년 1월 11일) 일본병정 한 놈이 스디(石地)촌으로 가면서 다오바이(道白)암자를 지나다가 그 마을의 왕쓰(王四)를 총으로 쏴 죽였다. 이 놈은 또 스디촌에서도 두 사람을 붙잡아 자기네 병정 한 놈을 가마에 태워 따강터우(大崗頭)까지 메고 가게 하였다. 그놈은 싫다면서 내려서 걷더니 한창 볕을 쪼이고 있는 사람들 속에서 나의 아버지를 알아보았다. 놈은 아버지를 당장 마을밖으로 끌어내어 단방에 쏴 죽였다. 따이춘란(戴春蘭)이 총소리를 듣고 집안에서 달려나왔다가 그놈과 마주치자 곧 손이야 발이야 빌었지만 놈은 알은체도 하지 않고 총으로 그의 손을 쐈다. 총알은 손바닥을 관통하고 가슴에 들어가 박혔다. 결국 따이춘란도 당장에서 숨을 거두었다. 놈들은 다시 스디마을 사람 둘을 붙잡아 그놈을 시잉팡까지 가마로 태워다 주게 한 뒤에야 그들을 놓아주었다.

마을의 장창훙(張長洪)과 그의 아버지 장칭푸(張慶福)는 다른 날 다른 일본놈의 총에 맞아 죽었다. 그 놈는 장창훙(張長洪)에게 연못에 들어가 물고기를 잡아오라 하였고 옷을 벗은 장창훙은 너무 추워 견딜 수 없게 되자 죽을 힘을 다해 도망쳤다. 장칭푸는 창훙(長洪)이 벗은 옷을 들고 그놈에게 용서를 빌었으나 놈은 장칭푸를 총으로 쏴 죽이고 다시 창훙을 뒤쫓아갔다. 창훙은 따강터우(大崗頭) 첸터우펑즈(前頭棚子, 오늘의 신민대)의 펑이타이(馮義泰) 집앞까지 도망쳐 벼짚더미에 숨어 들었다. 뒤쫓아온 그 놈은 벼짚더미 속에서 움직이는 창훙을 발견하고는 끌어내어 총으로 사살했다.

베이좡(北庄)의 자오즈강(趙志剛)은 40여 세로 피난초기에 장칭푸의 집 문앞에서 일본병정의 총에 맞아 죽었는데 피가 연못까지 흘렀다고 한다. 당시 나는 현장에 없었고 내가 마을에 돌아갔을 때는 이미 시체를 수거한 뒤었다.

주완훙(朱萬洪)의 유격대가 수류탄으로 일본군의 트럭을 폭파하자 일본군은 이에 대응사격을 하였는데 딩쥔바오(丁鈞寶)의 어린 딸(품에 안고 있었고 당시 한두 살밖에 안 됨)이 유탄에 맞아 당장에서 숨졌다.

쉐쟈린(왼쪽 두 번째)

53. 쉐쟈린(薛家林)의 구술——치샤산(栖霞山) 형양스(衡陽寺)촌에서 나는 일본군의 칼에 입술이 네 쪽으로 갈라졌으며 왼쪽 어금니가 대여섯 개 잘려나갔다.

우리 집은 난징 북쪽 교외의 치샤산 형양스에 살고 있었다. 1937년 동짓달, 일본놈들이 마을에 쳐들어왔다. 마을 사람들은 태반이 피난을 가고 숨어 버렸지만 나는 미처 떠나지 못하고 놈들 손에 붙잡혔다.일본병정 두 놈이 '화꾸냥'을 찾아내라고 나를 떠밀며 한 마을에 사는 천더산(陳德山)의 집 대문을 걷어차고 들어갔다. 그들은 부엌에서 한솥이나 되는 죽을 발견하고는 한 놈이 고개를 갸우뚱했다. "음" 하는 소리가 그 뜻인즉 이렇게 많은 죽을 끓여놓고 사람들이 다 어디로 갔느냐는 것이었다. 다른 한 놈이 "화꾸냥, 있어? 없어?" 하고 물었다. 나는 그대로 "없어요" 라고 답했다. 화가 동한 놈은 군도를 빼들더니 나를 향해 내리쳤다. 내가 머리를 기울여 군도를 피하는 순간 "딸깍" 하는 소리와 함께 칼날이 내 입에 와 닿았다. 나는 만사를 제쳐놓고 몸을 돌려 무작정 도망치기 시작했다. 골목을 이리 저리 돌면서 끝내 놈을 따돌리고 뒷산 숲속에 숨어 들었다. 그제야 나는 아래위 입술이 네개로 갈라졌고 왼쪽 어금니가 대여섯 개 잘리워 피가 턱을 따라 아래로 줄줄 흐르는 것을 발견하였다. 참을 수 없이 아팠지만 감히 소리를 내지 못하였다.

그렇게 나는 구사일생으로 살아 났고 입술에 남긴 흉터는 일본침략군의 죄행을 그대로 기록하고 있다.

54. 저우징타오(周敬濤)의 구술——양메이탕(楊梅塘) 싼푸안(三福庵) 앞에서 일본병사가 발로 나를 물웅덩이에 차 넣었고 총검으로 내 정수리를 찔러 피가 철철 흘렀다.

1937년, 우리 집은 류허(六合)현 류쟈쉬(劉家圩) 따저우잉(大周營)에 살고 있었다. 1937년 12월 말, 나는 마을의 마치루(馬起祿), 거치진(葛起金), 마타이(馬太), 마옌(馬炎) 등 네 사람과 함께 강남에 가서 땔나무 감을 줏곤 하였다. 하루는 우리가 양메이탕(楊梅塘) 산푸안 앞(당시 그곳엔 집이 세 채 있었다)을 지나다가 일본병정 두 놈과 맞닥뜨렸는데 놈들은 포악하게 총검으로 위협하며 우리의 몸을 수색하였고 또 우리더러 밭두렁에 무릎을 꿇라고 강요하였다. 내가 말을 듣지 않자 둘 중 키가 큰 놈이 발로 나를 걷어 차서 물구덩이에 빠뜨린 다음 총검으로 나의 정수리를 찌르며 머리를 들지 못하게 하였다. 나의 정수리에서는 피가 철철 흘렀고 나는 그대로 십여 분이나 물속에 잠겨있었다. 다행히 나는 수영을 할 줄 알았으므로 두어 번 숨을 들이키면서 익사를 면할 수 있었다. 옆에 있던 키 작은 놈이 무어라고 몇 마디 지껄여 대더니 이윽고 놈들은 우리를 놓아주었다. 하지만 놈들이 내 정수리에 남긴 동전만한 흉터는 아직도 그대로 남아 있다.

55. 정저우(鄭周)씨의 구술——빠푸탕(八府塘) 부근에서 나의 시아버님, 아들과 조카가 잇달아 일본군에게 살해되었다.

1937년 12월 13일, 일본군이 쳐들어 올 때 우리 집은 난징 동쪽 교외의 스먼칸(石門坎)에 살고 있었다. 나의 시아버님은 국제안전구역 화교초대소에 자리한 피난민수용소로 피난하였다. 어느날 시아버님은 우리가 걱정되어 집으로 오시던 길에 빠부탕부근의 뚱원쓰샹(東文思巷) 맞은 편에서 놈들의 손에 걸려 몸수색을 당하였다. 아무것도 얻어내지 못한 병정놈은 노인의 빰을 후려쳤을 뿐만 아니라 한 군관놈은 지휘도를 빼들고 노인의 목이며 가슴, 배에 난도질을 했다. 시아버님은 당장에서 피를 철철 흘리며 거리바닥에 쓰러지셨다. 내가 소식을 듣고 시체를 찾으러 나갔을 때는 시아버님이 이미 개들에게 많이 물어뜯긴 상태였다. 시아버님은 81세의 고령이었지만 놈들은 이런 노인에게까지 잔인하게 굴었다.

같은 날, 피난민(안전)구역에 있던 나의 조카가 배고픔을 참지 못해 집으로 돌아왔다. 나는 먹을 것을 만들어 그에게 먹였다. 그러나 그는 돌아가던 길에 빠푸탕(八府塘) 부근에서 일본군의 칼에 맞아 죽었다.

후에 나는 12살난 아들을 이끌고 피난민구역으로 떠났다. 그러나 우리는 뚱윈쓰상 후쟈(胡家)화원 뒤쪽 초가집 부근에서 놈들에게 발각되었고 놈들은 다짜고짜 칼로 아들의 목을 베었다. 아들은 "악" 소리와 함께 쓰러졌고 내가 달려가 안았을 때에는 이미 숨을 거둔 뒤였다.

56. 정밍더(鄭明德)의 구술——토굴안에서 정진산(鄭金山) 아줌마와 그녀의 두 조카딸이 일본군에게 살해되었고 나는 발에 총상을 입어 오늘날까지 거동이 불편한 후유증을 앓고 있다.

1937년 섣달 초 드레날(1938년 1월 9일), 우리 마을에 일본병사 두 놈이 나타났다. 그때 나와 정진산 아줌마 그리고 그녀의 두 조카딸은 토굴에 숨어 있었다. 하지만 결국 놈들에게 발각되었고 놈들은 정(鄭)씨 아줌마를 강간하였다. 그러면서 놈들은 나더러 양초를 켜들고 불을 밝히라고 핍박하면서 즐기었다. 강간을 하고나서 놈들은 총탄을 재우더니 정씨 아줌마를 향해 두발을 쏘았다. 그녀는 당장에서 죽었고 나는 발등에 총을 맞았다. 놈들은 장작을 가져다 토굴을 막더니 불을 질렀다. 어린 여자애 둘 중 하나는 놈들이 입을 틀어막아 죽였고 다른 하나는 연기에 질식하여 죽었다. 놈들이 가고나서 나는 토굴에서 기어 나왔지만 발에 남은 상처는 후유증으로 오늘날까지 거동이 불편하다.

57. 자오광차오(趙廣朝)의 구술——칭룽산(靑龍山) 부근에서 나의 아내가 일본군의 총에 맞아 죽고 나는 세번이나 놈들에게 잡혔다가 구사일생으로 살아났다.

나는 세 번이나 일본군의 마수에 걸렸다가 구사일생으로 살아났다. 첫 번째는 1937년 12월이었다. 그때 나는 난징 동쪽 교외의 칭룽산부근에서 일본놈과 맞닥뜨리게 되자 얼른 토굴 안에 몸을 숨겨 재난을 피할 수 있었다. 두 번째는 내가 피난 도중에 가족들과 흩어져 가족을 찾으러 나섰다가 놈들과 맞닥뜨려 하마트면 목숨을 잃을번 하였다. 세 번째는 내가 놈들에게 붙잡혔고 놈들은 '화꾸냥' 을 찾으러 다니면서 나더러 안내하라는 것이었다. 내가 놈들에게 끌려 마을을 몇 바퀴 돌았지만 아무것도 찾지 못하자 나를 한바탕 심문하고 나서야 나를 놓아주었다. 나의 아내는 결혼 후 4개월 만에 놈들의 총에 맞아 죽었다. 당시 판자오탄(范照譚)의 사촌누나도 있었는데 그녀는 놈들에게 매를 맞아 불구가 되었다.

피난을 갔다가 돌아와 보니 우리 마을 큰 사찰 앞 은행나무에 사람 셋이 매달려 있었다. 그들은 모두 놈들이 지른 불에 타죽은 것이었다. 나중에 마을 사람들이 와서 그들을 매장하였다. 사찰에 있던 창더(昌德)스님도 놈들의 칼아 맞아 대문 앞에 죽어 있었고 사찰 안에는 놈들에게 살해된 중국 군인 8명이 쓰러져 있었다.

58. 장허우밍(張厚明)의 구술——장푸(江浦)현 둥거(東葛) 시관(西關) 밖 마을에서 일본군은 트럭 위에서 우리를 향해 총을 쏘았고 나는 총에 맞지 않았으나 한마을 사람 룽하이즈(龍海子)가 총에 맞아 죽었다.

나는 장허우밍이라고 하며 1925년 6월 12일 생이다. 1937년 12월, 중국 침략 일본군이 난징을 공략할 때 우리 집은 강북 쟝푸현 둥거 시관 밖에 있었다. 집에는 할아버지 장삐허(張必河), 할머니 장츄(張裘)씨, 아버지 장덩룽(張登榮), 어머니 장쉬(張許)씨 그리고 우리 형제 넷이 함께 살고 있었다.

쟝푸현을 공략한 중국 침략 일본군은 중국 사람을 보는 족족 살해하였고 그때 나는 겨우 12살이었다. 한 번은 일본군을 실은 트럭 몇 대가 다가오는 것을 보고 나는 급히 뒷간 담벽 뒤에 숨었다. 그런데 뜻밖에도 놈들이 나를 향해 총을 쏘는 바람에 담벽에 구멍이 몇 개나 뚫렸다. 다행히 총알은 나를 맞히지 못했다. 마을에 룽하이즈(아명)이라고 하는 사람이 있었는데 성은 팡(方)씨였다. 그는 놈들의 총알에 등허리를 맞았고 총알이 배를 관통하면서 창자가 밖으로 흘러나왔다. 그의 두 형인 팡유페이(方有沛)와 팡유진(方有金)이 동생을 구하려고 담가로 쟝푸현 탕취안(湯泉)에 데려갔으나 룽하이즈는 이튿날 숨을 거두고 말았다.

일본군의 비행기는 또 우리 집 부근에 폭탄을 투하했다. 한 번은 폭격에 4,50 명이 한꺼번에 폭사하였다. 그중에는 룽하이즈의 어머니 저우따즈(周大子)도 들어 있었다.

59. 천스쟝(陳世江)의 구술——우리 집은 10채나 되는 건물이 전부 일본군이 지른 불에 타버렸고 나의 외숙부과 자형이 일본군에게 살해되었다. 나는 또 놈들이 판쟈벤(潘家邊)에서 위하이칭(兪海青)과 위하이슈(兪海修) 두 사람을 살해하는 것을 목격하였다. 이밖에도 놈들은 마을에서 도사 한 명을 사살했다.

1937년 동짓달 초 사흗날(12월 5일) 밤, 일본군은 난징 북쪽 교외의 바오쟈(包家)촌에 불을 질렀고 우리는 멀리서도 타오르는 불길을 볼 수 있었다. 나의 셋째 형수가 해산한지 열흘도 채 안되어 그를 홀로 집에 둘 수 없었으므로 우리는 동짓달 초 나흗날(12월 6일)에야 피난을 떠나게 되었다. 그날 오전, 나와 셋째 형이 멜대를 메고 막 떠나려는데 놈들이 챈탕(前塘)에서 마을로 다가왔다. 놈들은 마을에 들어서자마자 총검으로 광주리를 마구 찔러대며 나더러 가서 '화꾸냥'을 찾아오게 하느가 하면 또 광주리에 땅콩이 있는 것을 보고는 이내 빼앗아갔다. 이윽고 기병들이 다가왔다. 놈들은 나를 보더니 손짓으로 말을 끌고가라 하므로 나는 부득이 놈들을 따라나설 수밖에 없었다.

첫날에는 펑강터우(馮崗頭), 샤쟈좡(夏家庄), 양쟈(楊家)촌, 신탕(新塘)을 지나 베이좡(北庄)에서 밤을 지냈는데 14명이 3채의 집에 투숙하였다. 이튿날(12월 7일), 난징 동쪽 교외 탕(湯)산 부근의 멍무(孟墓)에서 중국 수비군과 일본군 간의 총격전이 벌어져 총소리가 끊임없이 울렸다. 놈들은 나더러 밥그릇을 씻어오라고 시켰고 나는 코가 땅에 닿을 만큼 엎드린 채 늪이 있는 데까지 기어가 그릇을 씻었다. 돌아올 때는 유탄에 왼쪽 귀를 맞아 살점이 떨어져 피를 많이 흘렸으므로 뒤 시간이 지나서야 깨어날 수 있었다. 멍무 쪽의 집들은 전부 놈들이 지른 불에 타버렸고 겁탈 당한 부녀자들이 처절하게 울부짖고 있었다. 그날 우리는 반볜산(半邊山) 남쪽에 있는 작은 단층집에서 밤을 지냈다. 놈들이 물을 길어오라고 했지만 나는 늪이 어디에 있는 지도 몰랐다. 후에 오리들의 울음소리를 듣고서야 부근에 늪이 있다는 것을 알게 되었다. 나는 물 2통을 길어서 돌아오던 중에 갑자기 발에 무엇이 걸려 넘어지면서 물을 몽땅 쏟치었다. 눈여겨보니 그것은 중국 수비군의 시체였다. 동짓달 초 엿새날(12월 8일) 우리는 웨이강(衛崗)에 도착하였는데 그곳에서 셋째 형을 만났다. 형도 놈들에게 역부로 끌려온 것이었다. 우리는 누구든 풀려나면 먼저 집에 돌아가기로 약속하였다.

동짓달 열하룻날(12월 13일), 우리는 놈들을 따라 난징에 들어섰다. 도중에 중국 수비군과 일본군의 총격전이 있었고 처음 사흘동안(10일—12일)은 매우 치열하였다. 일본군이 난징 시내 우타이산(五台山)에서 십여일 정도 머물고 나서 다시 떠나자 나는 일본 기병을 따라 난징에서 숴야(索野)에 이르렀다. 섣달 스무나흗날(1938년 1월 25일)이 되어서야 나는 놈들의 마수에서 벗어나 드디어 판쟈볜에 돌아왔으니 장장 50일을 밖에서 끌려다닌 것이었다. 내가 언녕 맞아 죽었을 것이라고 여긴 어머니는 내가 살아서 돌아올줄은 꿈에도 생각지 못했다고 하였다. 내가 집에 돌아온 지 얼마 안되어 설을 쇠게 되었고 가족들도 드디어 한자리에 모일 수 있었다. 그때 아버지(당시 66세)는 일본 보병에게 잡혀 난징에서 역부로 20일간 끌려 다녔고 셋째 형도 밖에서 18일간 끌려다니며 역부노릇을 하였으나 다행히 누구도 맞아죽지는 않았다.

나의 둘째 형과 남동생은 큰 조카를 데리고 다섯 명이 함께 쟝베이(江北) 이정(儀征)으로 도망쳤다. 이발사인 그는 손재주가 있었으므로 남먼저 떠났던 것이다. 어머니는 형수님들과 함께 동쪽의 천우(陳武)로 피난을 갔다가 섣달에야 돌아왔다. 큰형은 장인댁에 도망쳐 가서 천샹(陳巷)에 한동안 숨어 있었다. 우리 가족 16명은 6개 지역으로 뿔뿔이 흩어졌다가 설날이 다 돼서야 한데 모이게 된 것이었다. 마을에는 많은 가옥들이 불에 타버리고 겨우 대여섯 채만 남아 있었다. 우리 집의 십여 채 건물도 전부 불에 타버리고 없었다. 돌아온 우리는 나와 동갑인 형의 집에 들었다. 그의 집 십여 채 가옥이 다행히 불에 타지 않았던 것이다. 우리는 독 2개에 숨겨둔 쌀이 그대로 남아 있어 그나마 끼니를 에울 수 있었다. 하지만 쌀이 불에 까맣게 그슬려 있었으므로 몇 달을 내내 거멓게 그을은 밥발을 먹어야 했다.

밖에 있을 때 나는 놈들이 사처에서 함부로 사람을 죽이는 것을 직접 목격하였다. 동짓달 초 여드레날(12월 10일), 한 작은 산간마을 언덕 위에서 40여 세 되는 도사가 햇빛을 쬐고 있었다. 지나가던 일본병정이 오라고 손짓했지만 그는 듣지 않았다. 둘 사이의 거리가 별로 멀지 않은 것을 보고 나는 그에게 시키는대로 하라고 권하면서 나도 이렇게 여러날 나와있지 않느냐고 말했지만 그는 여전히 움직이지 않았다. 그러자 손짓하던 일본병정은 총을 들더니 단방에 그를 쏴 죽였다. 도사의 몸에서는 피가 철철 흘렀다. 아쉽게도 그는 그렇게 목숨을 잃어버렸다.

나와 함께 놈들에게 잡혀온 난징의 두 사람 중 하나는 쥐룽(句容)현 바이투(白兎)촌의 30세 가량되는 사람으로 아명이 '샤오세(小鞋)' 였다. 다른 하나는 단양(丹陽)현 사람으로 역시 30세 가량 되었다. 두 사람은 놈들의 손에서 풀려났다가 다시 또 다른 놈들에게 붙잡혀 갔다. 그뒤로 나는 그들을 다시 보지 못하였다. 아마도 살해되었을 것이다.

동짓달 초 나흗날(12월 6일), 놈들은 판쟈볜에서 또 세 사람을 사살했다. 한 사람은 위하이칭[위웨이성(兪衛生)의 아버지], 30여 세였고 다리를 상하여 토굴에 숨어 있다가 놈들에게 끌려나와 살해되었다. 다른 한 사람은 위하이슈, 28세의 중국 수비군 군인이었으며 아내를 데리러 집에 왔다가 놈들에게 붙잡혀 마을 뒤쪽 늪가에서 살해되었다. 또 한 사람은 13살 밖에 안된 위싼커우즈(兪三口子, 아명)였다. 그날 인부로 끌려 갔다가 신탕(新塘)에서 그를 한번 만났다. 그가 길가에서 돌을 차며 놀고 있기에 나는 조심하라고 일러주었다. 그뒤로 더는 만나지 못하였다.

나의 외숙부 루이융중(芮永忠, 판쟈볜출신, 50세 좌우)은 섣달 스무사흗날(1938년 1월 24일) 나의 자형 주화이춘[朱懷春, 상펑(上峰) 주쟈산(朱家山) 출신]과 함께 둥잉팡(東營房)에서 집을 헐다가 놈들에게 발각되어 살해되었다.

'안민' 이후의 음력 삼월(1938년 4월)경에 신좡[新庄, 판쟈볜 남쪽의 신좡(新庄)을 말함] 출신의 인지푸(尹繼福)와 천더까오(陳德高) 두 사람은 모두 30세가량 되었는데 황메이챠오(黃梅橋) 전화국의 집을 헐어 목재를 집으로 가져오다가 놈들에게 발각되었다. 놈들은 그들을 전화국에 끌고 가서 총검으로 찔러죽였다.

나는 이밖에도 놈들이 쳐들어 온지 얼마 안되어(12월 초), 쟈무샹(賈母巷)에서 여섯 사람이 기계설비가 있는 움막에 숨어 있다가 놈들에게 발각되어 살해되었다는 말을 들었다.

강간과 윤간편

일본군에게 겁탈당했던 11명 생존자의 악몽

60. 리슈잉(李秀英)의 악몽——국제안전구역 우타이산(五台山)초등학교 지하실에서 일본군의 강간에 반항하다가 나는 37번을 칼에 찔렸다.

1937년 12월 13일, 일본군은 시내로 쳐들어오자마자 방화와 살인, 간음, 약탈을 무자비하게 감행하였다. 나의 남편은 이미 쟝페이(江北) 시골로 피난을 떠났고 나는 임신 7개월차라 거동이 불편하여 아버지와 함께 난징에 남아 국제안전구역의 우타이산초등학교 지하실에 숨어 있었다.

1937년 12월 19일 오전

9시, 일본병정 여섯 놈이 지하실에 쳐들어와서는 나와 십여 명의 젊은 여자들을 끌어가려고 했다. 나는 죽어도 능욕만은 당하지 않으려고 조급한 김에 어쩔 수 없이 벽에다 머리를 들이박고 피를 흘리며 그대로 땅바닥에 쓰러졌다. 내가 다시 깨어났을 때에는 놈들이 이미 돌아간 뒤었다. 이래서는 소용이 없겠다고 생각한 나는 어려서 아버지를 따라 무술을 익힌 것을 생각하고 그들과 목숨을 걸고 싸울 결심을 하였다. 이날 점심 때쯤 일본놈 세 명이 또 찾아왔다. 놈들은 남자들을 쫓아내고 여자 두 명을 다른 방으로 끌고가서 강간하려 하였다. 이때 한 놈이 다가와 나의 단추를 벗기려 들자 나는 놈의 허리춤에 매달린 총검을 보고 그것을 빼앗으리라 마음먹었다. 나는 기회를 타서 놈의 칼자루를 붙잡았고 그 놈과 몸싸움을 시작했다. 놈은 깜짝 놀라 소리를 지르며 내게서 칼자루를 도로 빼앗으려 하였다. 칼을 미처 빼앗지 못한 나는 이발로 놈을 물어뜯었고 놈은 견디다 못해 고래고래 소리질렀다. 옆방에 있던 병정 두 놈이 소리를 듣고 달려나왔다. 나는 혼자 몸으로 그들 셋을 당할 수는 없었지만 칼자루만은 꼭 틀어쥐고 놓지 않았다. 나는 땅에서 이리저리 뒹굴며 놈들과 격투를 벌렸다. 급해맞은 두 병정은 총검으로 나의 몸을 마구 찌르기 시작하였고 나는 얼굴과 다리에 여러 군데나 칼을 맞았다. 나중에 한 놈이 총검으로 나의 배를 찔렀다. 나는 즉시 의식을 잃었고 그 뒤의 일들은 전혀 기억에 없었다.

놈들이 가고나서 아버지는 내가 죽은 줄로만 알고 슬퍼하시며 이웃들과 함께 우타이산 옆에다 구덩이를 파고 문짝을 뜯어 담가로 삼아 나를 내어다 매장할 준비를 하였다. 그들이 나를 문짝에 담아들고 문밖을 나서려는데 찬 공기를 맞은 탓이었던지 나는 점차 의식을 되찾아 가늘게 신음소리를 내었다. 내가 살아있는 것을 안 아버지는 냉큼 나를 집안으로 옮기었고 백방으로 애를 써서 구러우(鼓樓)병원에 보내어 긴급히 구조했다. 이튿날, 나는 유산을 하고 말았다. 구러우(鼓樓)병원 미국인 의사인 웰슨은 검사 후 내가 37군데나 칼에 찔렸으며 입술, 코, 눈꺼풀까지 찢어졌다고 하였다. 그렇게 일곱 달이나 치료를 받고서야 나는 건강을 되찾을 수 있었다.

61. 이추이란(易翠蘭)의 악몽——국제안전구역 상하이(上海)로 우타오샹(五條巷)에서 나는 스무살 남짓한 젊은이가 늪가에서 일본군에게 사살되는 것을 목격하였다. 나는 또 진링(金陵)여자문리학원 피난민수용소에서 놈들이 여성을 강간하고 또 십여명 중국 여성을 잡아가는 것을 목격하였다.

나는 이추이란(易翠蘭)이라고 하며 1923년 5월 6일생이다. 나는 어려서부터 난징 남부 성저우(昇州)로 라오팡샹(老坊巷) 10번지(즉 오늘의 성저우로 핑스제(評事街)와 따반샹(大板巷) 사이의 작은 골목)에서 살았다. 1937년에 나는 14살이었고 아버지는 이미 돌아가셨다. 어머니가 홀로 우리 형제자매 여섯(오빠 둘, 언니 하나, 여동생 둘)을 키우셨다.

1937년 8월, 일본군 비행기가 난징을 폭격하기 시작하였고 폭격 횟수가 갈수록 잦아졌다. 당시 라오팡샹에 전문 향촉를 만드는 작업장이 있었는데 공습을 피하기 위하여 주민들은 작업장의 허술한 토굴을 방공호로 삼았다. 한번은 일본군 비행기 공습에서 조상 때부터 살아온 우리 집 뒤쪽과 오른쪽 멀지 않은 곳에 직격탄 각각 하나씩 떨어졌다. 다행히 나와 가족들은 공습경보가 울리자 곧바로 토굴 안으로 숨어들어 화를 면할 수 있었다. 폭탄이 건물을 명중하지는 못했으나 폭발에 의한 기류 때문에 집 안팎이 모두 수라장이 되었다.

공습을 피하기 위해 어머니는 식구들을 이끌고 난징 교외의 난샹[南響, 지금의 쟝닝(江寧)현 시골]에 있는 친척집으로 피난을 갔다가 후에 다시 우리를 데리고 난징시 라오팡샹의 집으로 돌아왔다. 당시 우리는 중화먼(中華門)으로 입성하였는데 성문을 지키는 중국 수비군들이 긴장하게 전투준비를 하고 있었다. 집으로 돌아온 이튿날(12월 10일), 일본군이 난징을 공략하기 시작하여 13일에 시내로 쳐들어오더니 오자마자 잔인한 난징대학살을 감행하였다.

살기 위해 나와 가족들은 시내의 수많은 피난민들과 함께 '피난민(안전)구역' 으로 몰려가 가까스로 상하이로[우타이산(五台山)] 부근의 우탸오샹에 있는 한 건물에 머물 수 있었다. 당시 건물안에는 이미 일부 피난민들이 들어 있었다. 국제안전구역이라고는 하지만 별로 안전하지도 않았으며 놈들이 사흘이 멀다하게 찾아와서는 사람을 붙잡고 죽이고 '화꾸냥' 을 찾곤 하였다. 나와 가족들이 임시로 거처하고 있는 곳에도 수시로 찾아와서 사람들을 못살게 굴었다.

내 기억에 당시 우리가 거처하던 건물 앞에 늪이 있었고 놈들은 늪가에서 사람을 죽이고는 늪속에 처넣는 것이었다. 늪에는 항상 죽은 사람들의 시체가 떠다녔고 물도 붉게 물들어 있었다. 한번은 놈들이 스무살 남짓한 젊은이를 늪가로 끌고 가서 총검으로 찔러죽인 뒤 늪에다 처넣는데 너무 참혹하여 차마 눈을 뜨고 볼 수가 없었다. 그후부터 나는 밤중에 자다가도 자주 악몽에 놀라 깨곤 하였다.

또 한번은 일본병정 한 놈이 나와 가족들이 머물고 있는 거처로 찾아와 사처에서 '화꾸냥'을 찾았다. 다행히 내가 별로 눈에 뜨이지 않는 층계 모퉁이에 숨어 잡동사니에 몸이 가리워져 있었으므로 발각되지 않았다. 층계 틈으로 내다보니 큰 올케가 놈들에게 발각되어 밖으로 끌려나가는 참인데 함께 있던 원 '국군' 제88사단 한 군관의 아내가 밖에서 들어왔다. 놈은 멋스럽게 단장하고 또 이쁘장하게 생긴 그녀를 보더니 이내 올케를 놓아주고 군관의 아내를 억지로 끌고 갔다. 그때 올케는 얼굴에 검뎅이 칠을 하여 아주 못생기게 보였던 것이다. 이렇게 나와 올케는 요행 화를 면할 수 있었다.

우탸오샹의 거처가 갈수록 안전치 못했으므로 옛 이웃의 도움을 받아 우리 식구들은 급히 진링(金陵)여자문리학원 피난민수용소로 자리를 옮겼다. 가는 길에 나는 놈들에게 살해된 중국 사람들의 시체를 보았고 어떤 곳은 정말 겁에 질려 가까스로 시체를 뛰어넘으며 지나갔다. 당시, 나는 얼굴에 검뎅이 칠을 하였고 머리에 이불을 이고 있었으므로 길에서 놈들을 만났어도 내가 여자인 줄을 알아보지 못하였다. 그럼에도 나는 끝내 그들의 총탁에 호되게 얻어맞았다.

고생끝에 우리 가족은 끝내 진링여자문리학원 피난민수용

소에 이르렀다. 그때부터 우리는 다른 곳에서 피난 온 약 1만 명가량의 여성, 그리고 아이들과 함께 미국인 '미스 화'의 보호밑에서 비교적 안전한 거처를 갖게 되었다. 하지만 이곳도 놈들이 시도 때도 없이 찾아와 트집을 잡았으므로 늘 불안한 마음을 금치 못하였다. 당시, 진링여자문리학원에는 앞뒤로 대문이 나 있었다. 한번은 놈들이 또 학교 캠퍼스에 와서 사람을 붙잡으며 '화꾸냥'을 찾았다. '미스 화'가 앞문에서 놈들을 막아나섰지만 다른 놈들이 뒷문으로 들어와서 여성들을 강간하고 또 십여 명의 여자들을 잡아갔다. 그중에는 우리 라오팡샹 골목에서 표구점을 운영하던 '진(金)' 씨 사장의 큰며느리도 있었지만 그 뒤로 그녀의 생사를 알 수 없었다. 나중에 놈들이 강제로 난징안전구역을 폐쇄했으므로 나와 가족들은 핍박에 의해 진링여자문리학원 피난민수용소를 떠나 집으로 돌아왔다. 난징대학살 기간에 나의 두 오빠가 놈들에게 인부로 붙잡혀 갔었고 큰 오빠는 놈들에게 구타를 당하기도 하였다.

62. 장슈훙(張秀紅)의 악몽——난징 남쪽 교외의 사저우쉬(沙州圩)에서 나는 일본군이 10여 명 청장년들을 논밭에 끌고가 살해하는 것을 목격했다. 나는 집에서 일본병정에게 강간을 당하였는데 그때는 12살 밖에 안 되었다.

나는 장슈훙이라고 하며 1937년 겨울 일본군이 난징을 강점할 당시 12살밖에 안되었다. 할아버지, 아버지, 어머니 그리고 여동생들과 함께 우리 가족 6명은 사저우쉬에서 살고 있었다.

1937년 12월 초, 마을 사람들은 일본군이 곧 마을로 쳐들어올테고 놈들이 오면 집을 모조리 불태워 버린다고 하면서 이불을 걷어안고 논밭에 나가 밤을 새웠다. 우리는 밤에 일본군이 쳐들어와서 집에다 불을 지르면 함께 타죽게 될가 봐 두려웠던 것이다. 하지만 며칠이 지나도 일본군은 오지 않았고 논밭은 너무 습하고 추워 견딜 수가 없었으므로 할아버지는 다시 우리를 데리고 집으로 돌아왔다. 집으로 돌아온지 얼마 안되어 마침내 놈들이 들이닥쳤다. 놈들은 군화를 신었고 수염을 기르고 있었다. 놈들은 마을 사람들을 모조리 빈 터에다 소집시키더니 남녀를 구분하여 줄을 세운 뒤 남자들의 손에 장알이 있는 지, 머리에 모자 흔적이 있는 지를 검사하였다. 그리고는 마을의 청장년 십여 명을 중국군으로 몰아 따로 내세웠다. 가족들이 울고불고 중국군인이 아니니 살려달라고 빌었지만 아무 소용 없었다. 그들은 전부 부근의 밭으로 끌려가 총살되었다.

이튿날, 내가 할아버지와 함께 집에 있는데 얼굴에 수염이 더부룩한 일본병정이 찾아와 총검으로 할아버지를 겨누고 '화꾸냥' 을 내놓으라는 것이었다. 할아버지가 없다고 하자 놈은 나를 향해 총검을 겨누었고 할아버지가 무릎을 꿇고 손짓발짓으로 아직 12살 밖에 안된 어린애라고 하였으나 놈은 여전히 물러서지 않고 총검으로 할아버지를 찔렀다. 내가 "할아버지, 괜찮아요, 날 어떻게 하는지 두고 볼게요." 라고 하였으나 할아버지는 한사코 말리고 나섰다. 놈은 나를 침대로 끌고 가서 바지를 벗기고 내 몸을 덮쳤다. 극심한 고통을 느낀 나는 그대로 기절하고 말았다. 내가 깨어나보니 할아버지는 내 옆에 앉아서 울고 계셨다. "홍즈(紅子)야, 이 일을 어떻하면 좋으냐?" 나는 아파서 몸을 일으킬 수 없었고 침대에는 온통 피범벅이었다. 할아버지는 노끈으로 나의 두 다리를 한데 묶어주셨다. 놈에게 하체가 찢기어 결국 종신불구가

된 것이었다. 때문에 후에 내가 아들을 낳을 때 꼬박 사흘낮 사흘밤을 고통에서 헤매다가 하마트면 죽을 뻔 하였다. 아직도 비가 오면 하체가 아파서 잠을 이루지 못한다.

집이 안전하지 못하다고 느끼신 할아버지는 나를 짚더미에 숨겨놓고 상처를 치료하려 했다. 하지만 생각밖으로 놈들은 끝임없이 우리를 찾아와 괴롭혔고 내가 보이지 않자 사처를 수색하였다. 나는 짚더미속에서 숨도 내쉬지 못하였고 내가 짚더미속에 숨었는지를 확인하려고 총검으로 마구 찔러댔다. 총검이 길어서 왼손 새끼손가락이 베었으나 나는 꼼짝않고 있었다.

내가 짚더미에서 나오자 가족들은 나의 머리를 자르고 사내 옷을 입혔다. 내가 집에서는 맏이였으므로 가족을 도와 일을 해야 했다. 어느날, 마을어구에 왜놈 몇 명이 오더니 그중 한 놈이 나에게 "화꾸냥, 사이꼬, 사이꼬" 하면서 손짓했다. 내가 "허튼소리 마세요, 내가 남자인지 여자인지 모르겠어요?" 라고 당당하게 맞받아치자 놈들은 너털웃음을 쳤다. 놈들은 마을에 들어와 닭이며 식량들을 닥치는대로 빼앗았고 심지어 나더러 자기들 병영까지 지고 가라고 하였다. 나는 그때 키도 작고 힘도 부족해서 제대로 걷지 못하여 뒤처지자 일본 병사는 총검으로 나를 찔렀다. 솜옷을 꿰뚫고 등이 찔려 피가 났다. 지정장소까지 운반하고 나서야 그들은 나를 놓아주었다.

그렇게 우리 가족은 수개월 간 이리저리 숨어다녔고 정말 지옥같은 나날을 보냈다. 이듬해 4,5월에 "안민"을 하기 시작해서야 나는 가족들과 함께 밭에서 농사를 지었다. 그때까지도 가끔 널려있는 시체들이 눈에 띄였다.

나는 해방 후에야 결혼을 하였는데 남편 역시 난징대학살 생존자였다. 당시 놈들에게 인부로 잡혀갔던 남편은 나를 역겹게 생각하지 않았을 뿐만 아니라 매우 동정하였다. 그렇게 결혼한 나는 그나마 매우 행복하게 살 수 있었다.

후에 나는 유리인발공장에서 일하게 되었다. 비록 낫놓고 기윽자도 모르는 사람이지만 열심히 노력한 대가로 작업장 주임까지 하다가 50세에 퇴직하였다. 나는 지금 새 사회를 만나 잘 살고 있으며 새 사회는 우리처럼 고통받았던 사람들의 만노후를 보장해 주었다. 나는 지금 직장일은 하고 있지 않지만 달마다 퇴직금을 받아서 유족하게 살아가고 있다. 공산당에 진심으로 감사 드린다. 나는 왜놈들을 증오하면서도 평화가 무엇보다 중요하다고 생각한다!

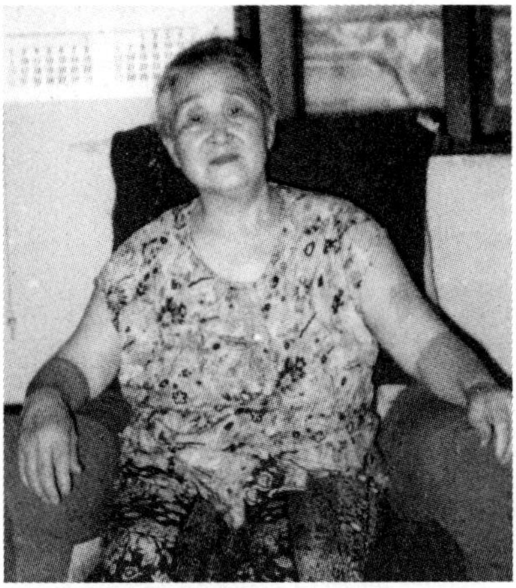

63. 천펑잉(陳鳳英)의 악몽——장닝(江寧)현 팡산(方山) 양챠오(洋橋)촌에서 결혼한지 이틀 밖에 안되는 새언니가 능욕을 당하지 않으려고 연못에 뛰어들어 죽었으며 오빠도 총살되었다. 일가집 왕(王)씨 성의 올케가 세 명의 왜놈에게 강제로 움막에 끌려가 윤간을 당한 뒤 살해되었다. 장닝현의 향촉 만드는 30세 남짓한 따이(戴)씨 성의 사나이도 놈들의 총에 맞아 죽었다.

나는 1925년 9월 20일 쟝닝현 팡산 양챠오촌에서 태어났으며 12살 나던 해에 민며느리로 난징 부시(府西)거리 40번지에 들어왔다. 시댁에는 시부모님과 형제 6명이 있었고 신랑될 사람은 둘째로 이름은 바이후이민(白惠民)이었으며 목수였다. 1937년, 일본군이 난징에 쳐들어와 도처에서 살인과 방화를 일삼고 여성들을 강간하였다. 더는 집에 남아있기 어렵게 되자 친정집에서는 나를 시댁에 맡겼고 나는 시댁식구들과 함께 피난을 떠났다. 놈들이 이르는 곳마다에서 '화꾸냥'을 찾았으므로 나는 까까머리를 하고 시어머니와 함께 쟝닝 시베이(西北)촌의 땅굴속에 숨어 감히 밖으로 나오지 못하였다.

나의 오빠 천싱린(陳興林)과 올케 위(於)씨는 결혼한 지 이틀 밖에 안되었고 오빠는 올케와 함께 피난을 떠났다. 놈들이 올케를 뒤쫓아 강간하려 들자 올케는 죽어도 능욕을 당하지 않으려고 양챠오촌 연못에 뛰어들어 자살하였고 오빠도 놈들의 총에 맞아 죽었다. 나와 친척이 되는 왕(王)씨 성의 올케(20살 남짓하였음)는 세 명의 일본놈에게 강제로 끌려가 움막에서 윤간을 당하고 살해되었다. 쟝닝현의 향촉 만드는 30세 남짓한 따이(戴)씨 성 사나이도 놈들의 총에 맞아 죽었다.

놈들은 또 도처에서 백성들의 닭이며 오리, 식량과 재물을 약탈하였고 집에 불을 질러 태워버렸다. 시베이촌에서 룽터우(龍頭)까지 십여리 구간의 농가들은 태반이 불에 타버렸다.

64. 리꾸이파(李桂發)의 악몽——임신한 나의 사촌 올케가 안전구역 진인샹(金銀巷) 피난민수용소에서 일본군에게 강간당하였고 자형인 리예린(李葉林)도 '중국군'으로 몰려 놈들에게 총살되었다. 내 아내의 숙부인 장진다오(張金道) 역시 거리에서 놈들의 칼에 찔려죽었다.

1937년, 우리 집은 난징 시내 스류웬(石榴園)에 살고 있었고 아버지는 융단공이었으며 집이 비교적 가난하였다. 일본 비행기가 난징을 폭격할 무렵 나는 난징 남쪽 교외의 무링관(秣陵關)으로 피난하여 아내 장쑤란(張素蘭)의 외할머니 집에 묵었다.

일본군이 시내로 쳐들어오기 전에 우리 일가족, 그리고 몇몇 친척까지 모두 6,7명은 피난민(안전)구역에 가서 상하이로의 화챠오(華僑)로 사거리에서 지인의 셋방을 얻어 거처했다. 당시 나의 딸은 태어난지 몇 개월 밖에 안 되는 울보였으므로 놈들이 울음소리를 듣고 찾아와 가족에게 해를 끼치게 될까 봐 매일같이 조마조마한 나날을 보내었다. 놈들이 우리 집에도 왔었고 형제들이 입던 수웨터 마저 빼앗아갔다.

나의 자형인 리예린(李葉林)은 당시 서른 한 살이었고 원래는 평푸(豊富)로에서 폐유리를 수거하던 사람으로 누나와 함께 슬하에 어린애 하나를 두고 있었다. 일본군이 난징시내로 쳐들어오기 전에 그들 세 식구는 피난민수용소로 피신하였다. 놈들이 입성한지 약 두 주일이 지나서 자형이 놈들에게 잡혀갔다. 놈들은 그의 손에 장알이 박혔다면서 그를 중국군으로 몰았던 것이다. 나중에 수이시먼(水西門) 밖 장둥먼(江東門)에서 놈들에게 살해되었다고 들었으나 시체는 끝내 찾지 못하였다.

내 숙모의 조카며느리는 당시 20여 세였고 역시 피난민구역에 살고 있었다. 그녀는 진인샹(金銀巷) 피난민수용소에서 한 일본병정에게 겁탈당하였는데 당시 이미 임신 7,8 개월이 된 몸이었다.

내 아내의 숙부 장진다오는 당시 50여 세로 중화먼(中華門) 밖에 살고 있었으며 놈들이 시내로 들어올 때 놈들을 영접하노라 억지로 거리에 끌려나갔다가 당장에서 놈들에게 찔려 죽었다.

65. 천더서우(陳德壽)의 악몽——나의 고모인 천바오주(陳寶珠)가 집에서 일본군의 성폭행에 반항하다가 6군데나 칼에 찔려 죽었다. 나의 아버지 천화이런(陳懷仁)은 싼산제(三山街) 청언쓰(承恩寺)에서 놈들에게 살해되었다.

일본군이 난징을 강점할 당시 나는 겨우 6살밖에 안 되었다. 그때 우리 집은 난징시내 남쪽 싼산제(三山街)의 톈징제(天京街) 구버잉(古鉢營) 4번지에 살면서 복장점을 운영하였다. 당시 우리는 중국 군대의 군복을 주문 받았으므로 피난갈 수가 없었다. 집에는 할아버지, 할머니, 아버지, 어머니와 나, 그리고 고모가 사촌 남동생과 여동생 둘을 데리고 모두 여덟 명이 함께 살고 있었으며 어머니는 만삭이셨다.

1937년 12월 13일, 일본군이 시내로 쳐들어오던 날 오전 아홉시 경에 한 일본병정이 긴 보총을 들고 우리 집에 나타났다. 우리는 아무런 준비도 없이 그저 초대만 하면 될 줄로 알았다. 할아버지와 할머니는 담배와 다과를 내놓았으나 놈은 싫다고 하면서 화꾸냥을 찾았다. 당시 고모는 2살잡이 내 사촌 여동생을 품에 안고 4살난 내 사촌 남동생을 손으로 붙잡고 있었는데 놈은 고모를 보자마자 끌고가려고 하였다. 고모는 유식한 사람이라 놈의 요구에 응할 리 없었고 사촌 여동생을 할머니에게 맡기고는 그놈과 밀고닥치고 하였다. 화가 동한 왜놈은 총에 칼을 재우더니 고모를 향해 여섯 번이나 찌르고 나서야 물러갔다. 고모는 그 자리에 쓰러졌고 가슴이 답답하다며 설탕물이 먹고 싶다고 하였다. 하지만 할머니가 안방에서 설탕물을 타들고 왔을 때는 고모가 이미 숨을 거둔 뒤었다. 나의 고모는 이름이 천바오주(陳寶珠)였고 그때 27세였다.

며칠 후, 어머니가 내 여동생을 낳았다. 매일같이 놈들이 찾아왔고 어머니는 해산할 때 사용한 피묻은 종이마저 침대에 그냥 두고 있었으나 놈들은 그래도 의심스러운지 이불을 들춰 보기까지 하였다. 집이 안전하지 못한데다 먹을 것도 없었으므로 나중에 어머니는 외숙부더러 친척집에 부탁하여 우리를 국제안전구역으로 보내도록 하였다. 내 기억에 우리는 밤중에 길을 떠났고 밖에는 눈이 퍼붓고 있었다. 가는 길에 우리는 여러 차례 시체에 발이 걸려 넘어지기도 하였다. 우리 일가족은 그곳에서 40여 일을 보냈다.

나의 아버지 천화이런은 당시 30여 세였고 고모가 변을 당할 때 집에 없었다. 그날 놈들이 톈칭제(天靑街)에 불을 질렀으므로 이웃들과 함께 불을 끄러 가셨다가 놈들에게 붙잡혔고 그뒤로 다시는 돌아오지 않으셨다.

후에 이웃집 피혁공이 할아버지에게 아버지가 살해되었다고 알려주었다. 그날 아버지는 잡힌 뒤 놈들이 따라나서라고 하자 집에 노인과 아이가 있어 갈 수 없다고 하였고 함께 잡힌 다른 두 사람도 거절하자 두 사람 중 한 사람은 칼에 찔려 죽고 다른 한 사람은 목이 잘렸으며 아버지도 칼에 찔려 죽었는데 정수리가 총검에 찔리고 가슴도 찔렸다고 한다. 당시 서로 아는 사이였던 이웃집 사람들이 싼산제(三山街) 청언쓰(承恩寺)에서 아버지의 시체를 발견하고는 이불로 감싸고 문짝에 담아 방공굴에 옮겨다 놓았었다. 40여 일 후 할아버지와 내가 가서 시체를 찾아다 중화먼 밖에 매장하였다.

66. 후꾸이잉(胡桂英)의 악몽——나는 일본병사의 강간에 반항하다가 그놈의 총에 맞아 어깨와 손바닥에 관통상을 입었다. 국제안전구역에서 나는 차이(蔡)씨 성의 약혼녀와 13살짜리 어린 여자애가 놈들에게 강간당하고 또 놈들이 쟈(賈)씨 아줌마와 5살난 딸 쟈샤오란(賈小蘭)을 살해하는 것을 목격하였다.

나는 후꾸이잉이라고 하며 1924년 생이다. 1937년, 우리 집은 난징 시내 허우자이먼(后宰門)에 있었다. 일본군이 시내로 쳐들어온 후 돈있는 부자들은 전부 도망쳤지만 우리는 가난하여 도망칠 수 없었고 또 도망칠 방도도 없었다. 우리 이웃집 40여 세 나는 쟈(賈)씨 아줌마는 자기네는 집이 넓어서 놈들이 오지 않을 것이고 설사 온다 하더라도 문앞에 큰 짚더미가 있어서 숨을 수 있다고 여겼다. 그리하여 우리 집에서는 나와 동생을 그녀의 집으로 보냈다.

일본군이 쳐들어온 이튿날(12월 14일) 오후 1시경쯤 되어, 일본병정 일곱 놈이 들이닥쳐서는 보는 족족 사람을 때리고 물건을 내놓으라고 을러멨다. 나는 그때 14살밖에 안 되었으나 키가 큰 편이어서 놈들은 나를 안방으로 들어가라고 하면서 강간하려 들었다. 나는 꼼짝 않고 남동생에게 "얼른 집에 가서 엄마를 불러오너라!" 라고 시켰다.

그렇게 나는 남동생을 쫓아보냈다. 놈들은 내가 들어가려 하지 않자 총검으로 위협하며 들어가라고 했다. 나는 여전히 꼼짝 않았다. 그때 방안에는 사람들도 많이 있었지만 나는 속으로 죽으면 죽었지 절대 놈들에게 몸을 더럽힐 수 없다고 마음먹었다.

이때 쟈(賈)씨 아줌마가 나에게 들어가라는데 왜 안 들어가느냐? 죽으려면 너 혼자나 죽어! 라고 했다. 그 뜻인즉 나더러 안 방에 들어가라는 것이었다. 말을 마친 그녀가 아이를 안고 내빼려 하자 놈들은 문어구에서 그녀를 사살하였고 뒤에 있던 놈도 총으로 5살난 그녀의 딸 쟈샤오란을 쏴 죽였다. 놈들은 등뒤에서 내 어깨를 향해 총을 쏘았고 돌아서는 순간 손에도 총을 맞아 나는 즉시 쓰러지고 말았다. 어깨와 손에서 선지피가 흘렀고 방에 있던 사람들은 더러는 도망치고 더러는 총에 맞아 죽었다. 내 기억에 당시 천(陳)씨, 정(鄭)씨, 쟈(賈)씨 성의 세 이웃이 총에 맞아 죽었다. 그런 뒤에야 놈들은 너털웃음을 지으며 가버렸다.

남동생이 집에 가서 어머니를 불러왔고 어머니는 솜옷을 벗어 나를 감싸안고 집으로 데려갔다. 길에서 우리는 또 한놈이 총으로 여러 사람을 쏴 죽이는 것을 보았다.

나의 할머니는 병으로 침상에 누워계셨고 놈들이 다시 나타나자 나는 얼른 침대밑에 숨었다. 놈들이 나를 다시 발견하고 총을 쏠가봐 겁이 났던 것이다. 그때는 겨울이어서 덥지도 않았는데 나는 온몸이 물에 젖은 느낌이었다. 밤이 되어 놈들이 가고난 뒤에야 식구들은 나를 침대밑에서 나오게 하여 옷을 바꿔입혔다. 그제야 총알이 나의 어깨와 손바닥을 관통하였고 물이라고 여겼던 것은 죄다 상처에서 흘러나온 피였음을 알았다. 어머니는 피묻은 옷을 강에 내다 버리고 재를 가져다 상처에 바르고 천으로 감싸주었다. 나는 상처를 입었으나 병원에 갈

돈이 없었으므로 상처부위의 죽은 살은 억지로 베어낼 수 밖에 없었다. 이 두 곳의 상처는 몇 달이 지나서야 겨우 아물었다. 지금도 어깨와 손바닥의 흉터는 아프고 가렵고 다치면 저리다. 특히 비가 올 때면 통증이 오고 추위를 몹시 탄다.

나는 다친 지 얼마 지나지 않아 국제안전구역으로 보내졌다. 이웃집 리(李)씨 언니, 궈(郭)씨 동생과 나 그리고 어머니는 모두 남장을 하고 얼굴에 검뎅이를 발랐으며 이웃집 할아버지와 할머니의 도움으로 밤을 타서 간허옌(干河沿) 피난민 수용소로 옮겨갔다.

일본군은 국제안전구역에도 쳐들어와 중국 여성들을 찾았다. 차이(蔡)씨라는 사람의 30여 세 된 약혼녀가 당시 1층(나는 3층에 살았다)에 있다가 왜놈 두 명에게 끌려가 논밭 부근에서 강간 당했다. 그리고 이웃 집 13살나는 소녀도 놈들에게 강간 당하고 딩(丁)씨라는 사람은 안전구역을 벗어나자마자 일본병사에게 맞아 죽었다고 들었다.

나의 아버지는 후지유(胡繼友)라고 하며 당시 40여 세로 일본군에게 뒤쫓기다가 물에 뛰어들었고 놈들이 군도로 허리를 찔러 살이 찢겨졌지만 다행히 뼈를 다치지는 않았다. 놈들이 가고 나서야 아버지는 뭍에 올라와 집으로 돌아오셨다.

인력거꾼 라오천(老陳)은 놈들의 수색에 걸려 모자를 벗겨보더니 놈들은 '중국군' 이라면서 즉석에서 사살했다.

이밖에 중국군 참모장의 조카가 있었는 데 놈들이 방에서 나가라고 하였지만 자신이 나가면 숙모에게 불리할 것 같아 버티고 있다가 결국 놈들의 총에 맞아 죽고 숙모 역시 맞아 죽었다.

67. 장루이펑(張瑞豊)의 악몽——나의 아내 장차이(張蔡)씨는 일본군에게 강간 당한 뒤 매독에 걸렸고 결국 젖을 먹던 아들과 함께 죽었다. 나의 어머니, 이모, 마(馬)씨 아줌마와 그녀의 딸은 일본군의 강간을 피하려고 늪에 뛰어들었다가 놈들의 총에 맞아 죽었다. 이웃집 아들 마스하오(馬世浩) 역시 놈들에게 사살되었다.

1937년 우리 집은 난징시 다샹루(大香爐) 62번지에 있었고 땅콩이나 해바라기씨 등 건과장사를 하였다. 집에는 어머니 장양(張楊)씨, 이모 량양(梁楊)씨, 남동생과 여동생 둘 그리고 아내 장차이(張蔡)씨와 3살난 아들이 함께 살고 있었다.

일본군이 난징 시내 빠푸탕(八府塘)을 폭격할 무렵 나는 일가족 식구들을 데리고 사저우쉬(沙州圩) 마쟈(馬家)촌으로 피난하였다. 동짓달 열하룻날, 일본군이 사저우쉬에 들이닥쳤고 백성들은 사처로 도망치느라 우왕자왕하였으며 나는 어머니, 이모, 아내와 흩어지게 되었다.

나의 아내 장차이(張蔡)씨는 당시 26살이었고 피난 도중에 일본병사에게 잡혀 강간을 당하였다. 놈들이 가고 나서 집에 돌아와 나에게 이일을 알리자 나는 속으로 여간 분개하지 않았지만 참는 수밖에 다른 도리가 없었다.

나와 동생 그리고 이웃집 아들 마스하오는 도망치던 길에 놈들과 맞닥뜨렸고 놈들은 우리 손에 장알이 있는지, 머리에 모자 흔적이 있는지를 검사하였다. 놈들은 우리에게 무릎을 꿇라고 했으나 나는 꿇지 않고 우리는 백성이라고 손짓을 해 보였다. 놈들은 마스하오를 검사하다가 태양혈에 흉터가 나있는 것을 보고는 중국군인이라며 당장에서 사살했다. 놈들이 가고나자 나는 죽을 힘을 다해 도망쳤지만 후에 또 왜놈들과 맞닥뜨렸고 마오쟈두(毛家渡)에 끌려가 풀을 져 나르게 되었다. 놈들은 내가 풀을 흘렸다는 구실로 나를 총검으로 찔렀다. 내가 재빨리 몸을 피한 덕분에 다행히 찔리지는 않았다. 그리고 풀을 다 운반하고 나서 나는 재빨리 도망쳤다.

나의 어머니, 이모, 마(馬)씨 아줌마와 그녀의 딸 그리고 한 형제분의 장모인 마(馬)씨 아줌마는 우리와 흩어진 후 도망치던 길에 불행히도 놈들에게 붙잡혔다. 그들이 마(馬)씨 아줌마의 딸을 강간하려 들자 나의 어머니, 이모와 두 마(馬)씨 성 아줌마들은 죽음을 무릅쓰고 보호했다. 그들 다섯이 함께 연못에 뛰어들어 머리만 물밖에 내놓고 있자 놈들은 그들을 향해 사격을 가하였다. 후에 나와 사촌 동생이 그들을 찾아나섰고 이삼일만에 연못가에서 그들의 시체를 발견하였다. 부근의 백성들이 시체를 건져내 주었던 것이다. 나의 어머니는 그때 49세였다. 나는 동생, 사촌동생과 함께 그들을 대충 매장하였다.

우리는 사저우쉬에 한동안 머물러 있었지만 먹을 것이 없었으므로 설이 지나자 아내와 함께 시내로 돌아갔다. 아내는 아이를 업고 나는 손에 잡동사니를 들고 가다가 총소리를 듣고는 냉큼 물건들을 버린 채 급히 상하이로 피난민수용소로 도망쳤다. 아내는 진링(金陵)여자문리학원으로 피신하고 나는 더우차이(豆菜)교에서 단오절까지 지나고 나서야 다샹루(大香爐)로 돌아왔다. 돌아와 보니 집안 물건은 죄다 털리고 없었으며 우리 집은 비록 불에 타지 않았으나 주변의 집들은 전부 불에 타서 폐허로 되어 있었다.

나의 아내는 일본군에게 강간을 당한 뒤 매독에 걸렸다. 집으로 돌아온 뒤로 날이 더워지면서 매독이 발작하기 시작했다. 젖먹이 아들도 결국 매독에 걸렸지만 치료할 돈이 없어 아들이 먼저 죽고 뒤이어 아내도 죽었다.

놈들이 난징을 점령한 기간 우리 일가족 삼대와 이모가 살해된 일을 생각하면 원통하고 분하기 그지없다. 이미 수십 년이 지났지만 나는 그 피해를 영원히 잊을 수 없다.

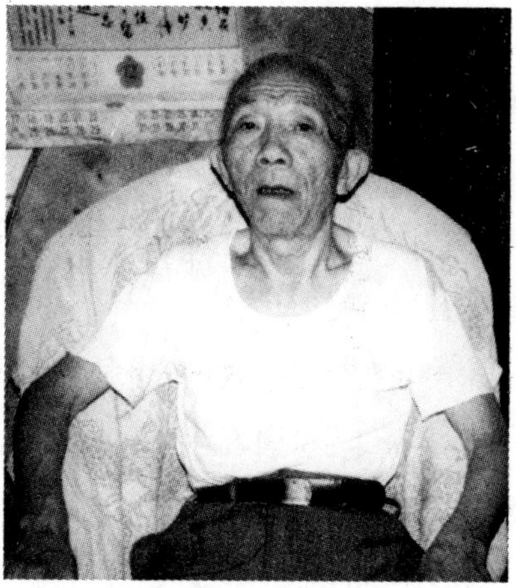

68. 인더인(尹德銀)의 악몽——나는 런(任)씨 성의 여자애가 윤간을 당한 뒤 걸음조차 걷지 못하여 담가에 실려오는 것을 보았다. 50여세 되는 할머니도 일본군에게 윤간을 당하고 또 살해되었다. 무링(秣陵)의 한 여성은 왜놈이 강간하고 나서 그녀의 하체에다 토란을 쑤셔넣었다. 나의 아버지 인스칭(尹世淸)은 놈들에게 잡혀간 뒤로 종무소식이다.

나는 인더인이라고 하며 1937년에 17살이었다. 1937년 일본군이 난징을 강점했을 때 나는 쟝닝(江寧)현 루커우(祿口)진에 살고 있었다. 집에는 부모님, 형, 남동생, 누나와 나 이렇게 여섯이 함께 살았고 당시 나는 난징 시내 신졔커우(新街口) 다싱(大興)철공소에서 수력전기 학도공이었다.

일본 비행기가 난징을 폭격하자 나는 루커우(祿口) 고향으로 돌아갔다.

당시 많은 여성들이 놈들에게 강간을 당했고 나는 런

(任)씨 성의 여자애가 집단 강간을 당한 뒤 걸을 수가 없어 들것에 실려오는 것을 보았다. 그리고 50여 세되는 할머니도 놈들에게 윤간을 당한 후 살해되었다. 무링(秣陵)의 한 여성은 놈들이 강간하고 나서 그녀의 하체에 토란을 쑤셔 넣었다. 나의 아버지 인스칭은 놈들에게 잡혀간 뒤로 종무소식이다.

1937년 12월, 놈들이 수차 우리 마을에 들이닥쳤지만 그때까지만 해도 우리는 무서운 줄을 몰랐다. 한번은 일본병정 세 놈이 기관총을 싣고 오기로 나는 다가가 구경하기까지 하였다. 나중에 놈들이 우리를 향해 소사해서야 위험을 알고 도망쳤다.

하루는 난징에서 온 중국 수비군 병사 18명이 일본군과 격전을 벌였지만 결국 모조리 일본군에게 사살되었다. 또 한번은 루커우(祿口)에서 무링(秣陵)까지 길에 100여 구의 시체가 널려 있는 것을 보았고 길에는 또 온통 총알이 깔려 있었다.

나의 아버지는 성함이 인스칭이였는데 인부로 잡혀간 뒤로 감감 무소식이였다. 형님도 놈들에게 잡혀 뉴서우산(牛首山)에 끌려갔다가 도망쳐 왔다. 나도 한번은 놈들한테 붙잡혀 저들이 약탈한 오리를 들고 따라가게 하였다. 나는 놈들이 주의하지 않는 틈을 타서 도망쳤다. 하지만 길을 잘 몰랐던 탓으로 샤쉬(下圩)까지 오는 도중에 또 놈들과 맞닥뜨리게 되었고 나더러 서라고 했으나 나는 아랑곳하지 않고 죽을 힘을 다해 도망쳤다. 그 놈들이 연달아 총을 쐈지만 나는 이미 도랑에 몸을 숨긴 뒤라 맞지 않고 살아 남았다.

'안민' 후 나는 다시 난징 시의 창장(長江)로에 학도공으로 들어갔다.

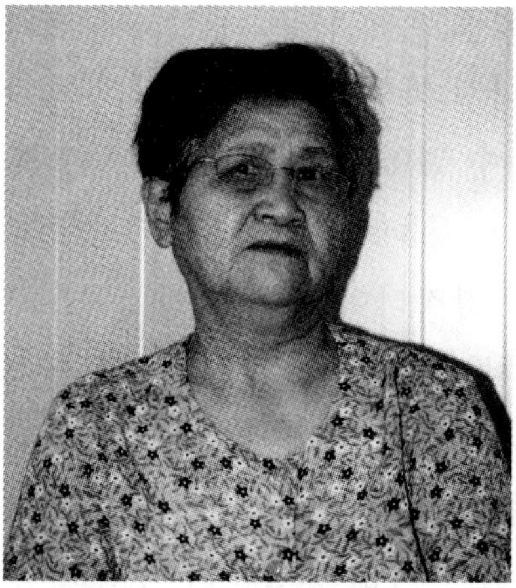

69. 저우샹핑(周湘萍)의 악몽——나의 언니 저우샹롄(周湘蓮)은 집에서 놈들에게 강간당하였고 할아버지와 아버지 역시 놈들에게 살해되었다.

1937년 나는 9살 밖에 안 되었다. 당시 우리 집은 난징시 남부 친화이(秦懷)구 왕푸리(王府里) 3번지에 있었는데 아마 지금의 밍양리(鳴羊里) 12번지 부근이었을 것이다. 집에는 할아버지, 할머니, 치매에 걸린 숙부, 그리고 부모님과 형제자매 넷, 모두 아홉 명이 함께 살고 있었다.

그해 겨울, 일본군이 난징을 공략하였다. 이웃 집들에서는 거의 다 일찌감치 타향으로 피난을 가고 없었으며 더러는 피난민수용소로 피신하였다. 우리도 피난가고 싶었지만 할머니가 워낙 보수적이셔서 대대손손 물려온 집을 떠나지 못한다고 고집하였고 효자인 아버지는 그 말씀을 거역할 수 없었으므로. 골목안에는 우리 한 집만 남아 있었다.

그날 저녁, 언니 저우샹렌은 장작더미에 숨어 바깥쪽으로 장작을 높게 쌓아올렸지만 두려움에 떨다보니 결국 놈들에게 발각되었다. 놈들은 장작더미를 발로 차서 무너뜨리고는 언니를 병아리 잡듯이 끌어내어 윤간하였다.

그해 아버지는 39세였고 재난은 그해 겨울부터 잇달아 우리 집을 찾아들었다. 1937년 12월 13일, 밤새 포성이 울렸고 아버지는 아침 일찍 일어나 골목입구의 뒷간에 가려고 형과 숙부를 보고 같이 가자고 불렀다. 그들이 집을 나설 때 아버지는 놈들을 만날 수 있으니 사람이 많을 수록 불상사가 덜 생길 것이라고 하였다. 하지만 그들이 미처 골목입구에 이르기도 전에 일본병사들이 그들을 포위하였다. 나와 언니 저우샹렌은 문뒤에 숨어서 그 장면을 보고는 놀라 다리를 후둘후둘 떨었다. 놈들은 그들을 잡아끌고 집앞까지 왔다. 아버지는 우리 가족을 가리키며 다 일반 백성들이며 집에 남아서 생계를 책임져야 한다고 하였지만 놈들은 반드시 한 사람이 역부로 나서야 한다고 하였다. 형은 어리고 숙부는 치매에 걸린 처지라 아버지가 자발적으로 그들을 따라나섰다.

그렇게 떠난 아버지는 다시 돌아오지 못하셨다. 그날 오후 누군가 우리집에 소식을 알려왔는데 놈들이 난먼(南門) 밖 우구이챠오(烏龜橋)교에서 사람을 쏴 죽였다는 것이었다. 어머니는 당장에서 기절하셨고 할아버지는 죽은 시체라도 봐야겠다고 말리는 것도 마다하고 기어이 집을 나섰으나 결국 할아버지도 다시는 돌아오지 못하셨다. 그날 저녁 누군가 또 나쁜 소식을 전해왔다. 할아버지가 놈들에게 살해되었다는 것이었다. 그렇게 하루에 할아버지와 아버지가 놈들에게 살해되고 우리 집은 졸지에 삶의 기둥을 잃게 되었다. 나중에 어머니가 형을 데리고 시체를 찾으러 나섰다. 무더기로 널려 있는 시체를 하나하나 번지며 며칠을 찾았지만 끝내 할아버지와 아버지의 시체를 찾지 못하였다.

70. 위창샹(餘昌祥)의 악몽——나는 이웃집 할머니와 여성 한 명이 왜놈들에게 강간 당하는 것을 목격하였다. 나의 생부 위삐푸(餘必福)도 놈들에게 살해되고 양부 위삐원(餘必文)도 칼을 네 군데나 맞았으나 다행히 목숨만은 건지셨다.

나는 위창샹이라고 하며 1927년에 태어났다. 외숙부댁에 자식이 없었으므로 나는 어릴 때 외숙부댁에서 양자로 컸다. 외숙부 위삐원은 나의 양부였으며 1893년생으로 당시 40여세였고 집에는 70이 넘은 할머니가 계셨다. 집은 난징 중화먼(中華門) 밖 바오타산(寶塔山) 66샹(巷, 골목) 4번지였고 가옥 3채에 네 가족이 함께 살았으며 돼지고기 껍질 장사로 생계를 이어갔다. 일본군이 난징을 폭격할 때에도 우리 집은 피난을 가지 않았다.

당시, 나와 할머니는 집문 어구에 있는 한 할머니네 집에 가서 세 늙은이가 함께 지냈다. 어느날, 일본병정 한놈이 오더니 나를 방에서 쫓아내고 50이 넘은 한 할머니를 강간하였다.

또 한번은 이웃집 여자가 우리와 함께 채소를 구하러 가는 길에 307공장 뒷문을 지나게 되었는데 마침 대문이 열리면서 병정 한놈이 쓰레기를 버리러 나왔다가 이웃집 여자를 보더니 강제로 옆에 있는 방공굴로 끌고가 겁탈을 했다.

양저우(揚州)출신의 한 할머니는 원래 꽃을 파는 사람이었는데 나더러 쌀과 채소를 구하러 함께 가자고 하였다. 가는 길에서 나는 웬 사람이 꽁꽁 묶인채 길옆에 무릎을 꿇고 있는 것을 보았다. 자세히 보니 그는 머리가 없었다. 놈들이 그의 목을 베어버린 것이었다. 바로 지금의 307공장[천광(晨光)공장] 뒤쪽이었다.

당시, 중화먼 밖 사오주샹(掃帚巷) 왕췐성(王全勝)양곡점 아래 쪽에 창간챠오(長干橋)로 통하는 큰 동굴이 있었는 데 동굴 안에는 남녀노소 3,40 명이 숨어 있었다. 동굴의 입구를 짚더미로 둘러 막고 그 위를 누더기와 이불로 덮은 다음 할머니 한분이 위에서 잠을 자면서 보초를 섰다.

당시 나의 양부를 포함한 일곱 사람은 처음에는 동굴안에 숨지 않았다. 놈들은 오더니 다짜고짜 옷을 벗기고 사람들을 검사하였다. 어렸던 나는 겁에 질려 냉큼 양곡점 뒤에 가 숨었다. 놈들은 일곱 사람 중에서 다섯 명을 칼로 찔러 죽였다. 양부는 손, 배, 허리, 종아리에 칼을 맞고 창자가 흘러나왔으며 저녁에 정신을 차리더니 목이 마르다고 하였다. 아마 피를 너무 많이 흘렸기 때문일 것이다. 그곳은 우리 집과 아주 가까웠고 골목을 거쳐 200~300m밖에 안 되었지만 양부는 두 시간 넘게 기어서야 겨우 집에 도착할 수 있었다. 하지만 집에도 물이 없었다. 다행이 중국 수비군이 우리 집에서 밥을 짓고 남긴 쌀뜨물이 있었으므로 양부는 그 쌀뜨물을 마시고 침대밑에 숨었다.

이튿날 밤, 양부는 또 도관안에 몸을 숨겼다. 도관안에서 나와 양모(외숙모)가 있던 곳은 죽은 사람들과 너무 가까워 나는 끔찍하고 무서웠다. 그리고 매일 먹는 것도 형편 없었으므로 나는 할머니와 함께 그곳에서 나오고 양부와 양모만 도관안에 남겨두었다. 양부는 도관안에서 죽으로 끼니를 에우며 달포가 지나서야 밖으로 흘러나왔던 창자가 점차 배속으로 위축되어 들어갔다. 후에 그는 양모와 함께 피난민구제소에 들어 갔다가 설이 지나서야 돌아왔다.

왜놈들이 입성한지 1개월이 지나 내가 중화먼에 갔더니 중화먼다리는 이미 폭격에 반나마 끊어져 있었다. 일본병정 한 놈이 다가오더니 나를 탁 밀치는 바람에 나는 하마트면 강물에 빠질번 하였다. 우리가 살던 그곳에는 어느 집에나 다 죽은 사람이 있었다.

나의 생부는 중화먼 밖 시졔(西街)에 살다가 놈들에게 살해되었고 시체조차 찾지 못하였다. 때문에 해마다 청명 전후가 되면 나는 난징대학살 희생자기념관에 다녀오곤 한다. 나의 생부 위삐푸의 이름이 바로 그 '울음벽(哭墙)'에 새겨져 있기 때문이다.

약탈과 파괴편

일본군의 방화와 약탈, 파괴에 대한 5명 생존자의 증언

71. 천훙꾸이(岑洪桂)의 증언——일본군이 한중먼(漢中門) 밖 성벽아래의 초가집들을 불태울 때 나와 가족들은 불속에서 뛰쳐나왔으나 셋째 동생 천샤오싼(岑小三)은 산채로 불에 타죽고 말았다. 나는 놈들의 손에 다시 불속에 던져졌고 다리의 화상은 아직도 흉터로 남아있다. 나의 둘째 여동생은 아래턱이 놈들의 총에 맞아 상처에서 피가 철철 흘렀었다.

1930년, 나의 아버지 천슈러우(岑秀樓), 어머니 천까오(岑皐)씨는 나와 둘째 여동생 천홍란(岑洪蘭), 둘째 남동생 천홍전(岑洪振)과 셋째 남동생을 데리고 쑤베이(蘇北)의 고향인 피(邳)현[지금의 피저우(邳州)시 파루(八路)향]에서 살길을 찾아 난징에 왔었는데 난징 한중먼(漢中門) 밖 베이화창제(北化廠街)의 성벽아래에서 품팔이로 생계를 이어갔다.

1937년 12월, 일본군이 한중먼 밖 성벽아래의 초가집들에 불을 질렀고 부모님은 나와 둘째 여동생, 둘째 남동생을 데리고 불속에서 뛰쳐나왔지만 당시 2살도 채 안된 셋째 남동생 천샤오싼(정식 이름을 짓지 않았고 아명이 천샤오싼이었음)은 방에서 잠들어 있었다. 부모님이 다시 들어가 구하려했지만 놈들이 못하게 막았으므로 셋째 남동생은 산채로 불에 타죽고 말았다.

당시 나는 13살이었다. 놈들은 나에게 "너 정말 좋은 아이로구나!" 라고 하더니 나를 마구 불속으로 밀어넣는 것이었다. 그통에 바지가랭이에 불이 붙어 다리에 화상을 입었는 데 지금도 그 흉터가 남아있다. 그때 놈들은 둘째 여동생을 안고 있는 아버지를 향해 총을 쐈고 총알이 두 사람 사이를 뚫고 둘째 여동생의 아래턱을 스치고 지났으므로 피가 철철 흘렀다. 그리고 나서 놈들은 '화꾸냥' 을 찾으러 가자며 아버지와 다른 몇몇 남자들을 끌고 갔다. 나는 상처입은 둘째 여동생과 어머니, 둘째 남동생과 함께 성벽 옆에 있는 방공굴로 피신하였다. 아버지는 그나마 운이 좋아 한중먼으로 돌아오셨고 방공굴에서 우리를 찾아냈다.

살기 위해 우리 가족은 밤을 타서 샤관(下關)강변에 가서 아버지 친구의 도움으로 강을 건너 장베이(江北)포구로 도망쳤다. 십여 일 간 논밭길을 걸어 다시 쑤베이 피현의 고향집으로 돌아갔다.

72. 마수친(馬淑勤)의 증언——일본군 비행기가 시화먼(西華門)을 폭격할 때 나는 백부 마홍룽(馬宏龍), 넷째 남동생 샤오싸이즈(小塞子)가 폭사하고 사촌형이 놈들에게 총살당하는 것을 목격하였다. 시화먼에서 다중챠오(大中橋) 일대까지 집이란 집은 태반이 불타버리고 도처에 사체들이 널려 있었다.

나는 마수친이라고 하며 난징대학살이 벌어지던 그 해에 만 10살이었고 놈들의 폭행을 직접 목격하였다.

나의 아버지 마홍웬(馬宏源)은 천막을 짓는 장사꾼이었다. 부모님은 딸만 일곱을 낳았고 나는 여섯째였다. 일본군이 난징을 강점하기 전에 셋째 언니, 넷째 언니, 다섯째 언니 셋은 넷째 언니 친구의 아버지와 함께 한커우(漢口)로 피난을 떠났다. 어머니는 집안살림을 버리기 아까워 큰 언니, 둘째 언니, 여동생과 나를 데리고 난징에 남아 있었다. 아버지와 나는 배표를 사서 샤관(下關)에서 한커우로 피난을 떠나려 하였다. 우리가 이웃 집의 차를 타고 샤관(下關)강변에 이르렀을 때 강은 이미 봉쇄되었고 길에는 온통 중국군 부상병들이 붐비고 있었다. 우리는 난징을 떠날 길이 막히자 다시 시내로 돌아왔다.

일본군이 난징을 폭격할 때 우리 집은 난징시 총통부 부근의 베이팅샹(碑亭巷)에 있었다. 어느날, 내가 이셴챠오(逸仙橋) 부근의 시화먼에 있는 백부네 집 창고로 놀러갔다. 그날 일본군은 밍구궁(明故宮)비행장을 폭격하였고 폭탄이 시화먼 일대에도 떨어졌다. 나의 백부 마훙룽, 넷재 동생 샤오싸이쯔는 바로 그날 지금의 판다(熊猫)전자공장 부근에서 폭사했다. 당시, 시화먼에서 따중챠오 일대까지는 집들이 거의 다 불에 타버리고 도처에 시체들이 널려 있었다.

피난을 위해 우리는 온 가족이 안전구역의 관쟈챠오(管家橋)창고로 이사를 갔다. 어느날, 아버지가 안전구역에서 집을 얻는다고 나갔다가 오랫도록 돌아오지 않으셨다. 어머니는 아버지의 신변이 걱정되어 우리 자매 넷을 데리고 아버지를 찾아나섰는데 가는 길에서 보니 채소밭에 온통 시체들이 널려 있었다. 우리는 샤오펀챠오(小粉橋) 1번지 즉 지금의 라뻬이(拉貝)생가 부근에서 아버지를 만나게 되었고 아버지는 베이인양잉(北陰陽營)에서 집을 얻었다고 하셨다. 그리하여 우리네 일가족은 다시 그 피난민수용소로 이사하였고 그곳에서 미국인 '미스 화'를 만나게 되었다. '미스 화'는 내가 깜찍하고 귀엽다면서 나를 무척 이뻐해 주었다.

일본군이 시내로 쳐들어온지 사흘이 지난 어느날, 아버지는 상하이로 부근에 나갔다가 한 왜놈이 중국 여성을 쫓는 것을 보았고 그 여성은 아버지에게 살려달라고 하였다. 아버지는 지름길로 한커우로 방향으로 도망치라고 알려주었다. 왜놈이 뒤쫓아 와 보니 중국 여자는 그림자도 보이지 않자 아버지의 지팡이를 빼앗아 아버지의 머리를 향해 두번이나 휘둘렀고 아버지는 즉시 피를 낭자하게 흘렸다. 아버지는 그때 머리를 크게 다치셨다.

놈들은 자주 안전구역에 와서 중국 사람들을 붙잡아 갔다. 나는 놈들이 트럭으로 사람들을 한 트럭 또 한 트럭씩 실어가는 것을 목격하였다. 당시, 나는 무슨 영문인지를 몰랐지만 지금 생각해 보니 모름지기 끌고나가 집단학살을 감행한 것이었다. 놈들은 또 진링(金陵)여자문리학원에 쳐들어와서 '화꾸냥'을 찾았다. 나는 미스 화가 간절히 비는 데도 놈들은 전혀 아랑곳하지 않는 것을 목격하였다. 나중에 미스 화는 모두에게 말을 전했다. 일본인들은 여기 있는 사람들 중에서 아무도 나서지 않는다면 이곳 피난민수용소의 피난민을 모조리 학살하고 말 테라 하였다고. 그러자 적지 않은 여성들이 자발적으로 나서서 놈들에게 끌려갔다.

우리는 피난민구역에서 반년 가까이 살면서 매일 죽 두 끼니밖에 먹지 못하였다. 오전 아홉시나 열시에 한번, 오후 세시나 네시에 한번씩 공급받았다. 안전구역에서 배불리 먹지 못하는 데다 비우고온 집이 걱정되어 우리는 가끔 관쟈챠오 창고로 돌아가 보곤 하였다. 일본군이 시내로 들어온지 이삼일 되었을 무렵 한 번은 우리가 관쟈챠오로 돌아갔다가 위험에 부디쳤다. 나는 사거리에서 말을 탄 병정 세 명이 다가오는 것을 보고 급히 달려가 부모님께 숨으라고 알렸다. 놈들이 우리 집에 들이닥쳤을 때는 아무것도 수색해내지 못하였다. 하지만 18살 밖에 안된 얼쏸즈(二栓子, 우리 집 점원)가 마당에서 놈들에게 발각되었고 놈들은 얼쏸즈의 머리를 물독에 여러차례 처박아 반죽음을 만들어서는 끌고갔다. 그뒤로 더는 그의 소식을 알 수 없었다.

놈들이 입성한지 일주일이 지나 아버지는 나를 데리고 뻬이팅샹(碑亭巷)의 집으로 돌아가 보았다. 도중에 신제커우(新街口)를 지나노라니 도처에 시체들이 널려 있었고 우리는 시체더미를 이리저리 피하며 지날 수 밖에 없었다. 한 할머니의 시체를 보니 옷을 벌거벗은 채 쓰러져 있었다. 우리가 뻬이팅샹에 이르러 보니 집에 있던 안락의자들이 전부 부서져 있었다. 놈들이 의자 다리를 짓부셔 불을 지폈던 것이다. 부엌의 가마솥에는 놈들의 일부러 싸 놓은 똥이 들어있었다. 우리는 물을 퍼다 붙는 불을 끄고 나서 안전구역으로 돌아갔다.

한달이 지난 어느날, 나의 사촌 형수가 문앞 우물가에서 쌀을 씻다가 왜놈에게 발각되었는데 그놈이 '화꾸냥!' 하고 소리치며 달려들자 사촌 형수는 쌀함지를 버린 채 집으로 달려들어가 소식을 알렸다. 사촌 형이 몸으로 대문을 막아나서자 놈은 총으로 그를 쏴 죽였다.

일본군이 난징에서 저지른 폭행으로 인해 아버지는 8년간 천막 짓는 일거리가 없었고 우리 가족은 아버지가 신제커우에서 노점을 차리고 담배를 팔아 근근히 생계를 이어나갔다. 1938년 아버지가 상하이 바이두챠오(白渡橋)에서 셋째 언니, 넷째 언니, 다섯째 언니를 마중하여 데려올 때 또 한 차례 일본놈에게 구타를 당하였다. 우리 집 가산은 전부 놈들에게 빼앗기고 말았다.

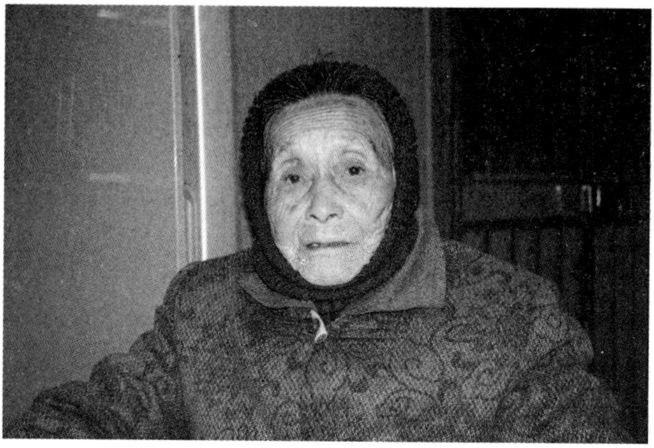

73. 주쓰즈(祝四孜)의 증언——일본군이 주쟈(祝家)촌의 집을 불사르고 폭격할 때 우리 집도 불에 탔으며 다섯째 사촌 올케 중따즈(鐘大子)는 폭격에 배가 터져 죽었다.

나는 1920년 6월에 태어났고 당시 난징 주쟝(珠江)진 시먼(西門)밖의 주쟈(祝家)촌에 살고 있었다. 1937년에 나는 18살이었고 시집도 안 간 처녀였다. 왜놈들이 마을에 들어오기 전에 우리 가족은 아버지 주바오청(祝寶成), 어머니 우싼즈(吴三孜), 형부 짠융쉐(湛永雪), 언니 주싼즈(祝三孜), 여동생 주빠즈(祝巴孜), 외조카 주관성(祝官昇)과 나 모두 7명이었다. 아버지는 아들이 없었으므로 형부 짠융쉐(湛永雪)를 데릴사위로 맞아들이었다.

놈들이 마을로 쳐들어 오기 전에 사람들은 미리 피난을 떠났고 많은 사람들은 집 뒤에다 땅굴을 파고 그 안에 숨어 있었다. 우리 집은 당시 이진(二進, 뜨락이 두개 겹친 집을 말함) 저택이었으므로 역시 땅굴을 팠다. 놈들은 서쪽의 까오왕(高旺)일대에서 쳐들어 왔고 까오왕에서 대포를 세 차례나 쏘았는 데 소리가 매우 요란하였다. 우리는 포성을 듣고 땅굴로 들어가 숨었다. 장(張)씨네 땅굴은 우리와 벽 하나를 사이두고 잇닿아 있었는데 그들 네 식구도 굴속에 숨어 있었다.

놈들이 집을 불사르기 시작하자 땅굴 옆집 할머니가 달려나와 큰 소리로 아버지를 불렀다. "여보슈, 큰일났네요. 집에 불이 붙어서 이대로 있다간 땅굴까지 다 타버릴 것 같구려." 그리하여 우리는 밖으로 달려 나왔으나 총알이 빗발치듯 날아들어 눈조차 제대로 뜰 수가 없었다. 그렇다고 도로 땅굴로 들어갈 수도 없었으므로 그대로 도망을 치기로 하였다.

당시 아버지는 가죽외투를 입고 있었고 건량 한주머니를 둘러메었다. 그가 막 강둑에 올라서자 놈들이 멀리서 아버지를 향해 사격을 했으므로 아버지는 놀라 곤두박질을 하였고 총알들이 둑 아래로 떨어졌다. 빗나간 탄알 하나가 어머니의 머리수건을 휩쓸고 지나갔다. 도망치던 중에 셋째 언니가 7개월 된 아들을 안고 달리다가 얼마를 가지 못하고 유탄 한발이 아이의 허리를 맞혔다. 탄알은 왼쪽 허리에서 오른쪽 허리를 관통하였으므로 아이는 죽고 말았다.

우리는 큰 이모네가 살고 있는 인쟈먀오즈(殷家廟子)로 피난을 갔다. 큰 이모네 집 땅굴속에서 사는 약 2개월 동안은 아침에 들어가고 해질 무렵이면 나오곤 하였다. 그렇게 대보름 명절을 지내고 나서야 우리는 다시 주쟈(祝家)촌으로 돌아올 왔다.

인쟈먀오즈로 피난한 지 사흘 째 되던 날, 우리는 주쟈촌에 가보았다. 그날 다섯째 사촌 올케가 폭격에 숨져 있었다. 당시 다섯째 사촌 형 주우허우즈(祝五猴子) 일가 7명은 놈들이 들이닥치자 곧 땅굴 속으로 들어갔다. 다섯째 사촌 올케 중따즈는 아이를 데리고 땅굴로 들어갔다가 두고 온 신발을 가지러 도로 나왔다고 한다. 그가 외양간을 지날 때 공교롭게 놈들의 폭탄이 외양간 지붕에 떨어져 집이 불에 타고 소 두 마리가 배가 터져 죽었다. 나는 다섯 째 사촌 올케가 배가 갈라져 창자가 흘러나온 것을 목격하였다. 너무 끔찍한 참상이었다!

74. 왕진(王津)의 증언——난전주샹(南珍珠巷)에 있던 우리 집은 일본군이 지른 불에 타버리고 난전주샹 일대의 다른 많은 집들도 타버렸으며 많은 이웃 사람들이 집안에서 타죽었다. 나의 아버지 왕따징(王大晶)은 놈들의 총칼에 일곱 번이나 찔려서 사망되었다.

나는 1931년 9월에 태어났고 우리 집은 난징시 난전주샹 676번지에 있었는데, 조상 대대로 물려내려온 고택이었으며 면적이 10여 ㎡ 잘 되었다. 나는 이사해 본 적도 없이 지금도 여전히 이곳에서 살고 있다. 우리 집은 아버지 왕따징, 어머니 왕천(王陳)씨, 그리고 나, 이렇게 세 식구였고 아버지는 작은 장사를 하였다.

일본군이 시내로 쳐들어 온 후, 우리 집은 놈들이 지른 불에 타버렸다. 난전주샹(南珍珠巷) 일대의 많은 집들이 불에 타버렸고 적지 않은 이웃 사람들은 집안에서 불에 타죽었다. 놈들에게 발각될가봐 우리는 낮이면 천정이 없는 집 벽밑에 숨어 있었고 밤이면 채소밭 도랑에다 문짝이나 의자, 책상따위로 임시 판자집을 짓고 들어가 잠을 잤다. 주변에 죽은 사람들의 시체가 매우 많았으므로 매일 저녁 채소밭 도랑까지 기어가려면 별 수 없이 시체 위를 넘어서 지나야 하였다. 10여 일쯤 지나서 난징의 정세가 다소 안정되어서야 우리는 전에 살던 집에다 짚으로 지붕을 만들어 얹고 다시 안에 들어가 잘 수 있었다.

1937년 12월 중순, 난징이 함락될 무렵, 일본군은 시내 남쪽의 위화타이(雨花台)에서 우리 집까지 서쪽 거리를 따라 곧바로 쳐들어 왔다. 놈들은 오자마자 사람을 붙잡기 시작했다. 아버지는 당시 48세였고 문앞의 이웃 류쯔칭(劉志清)과 함께 놈들에게 역부로 붙잡혀갔다. 한달가량 지나 류즈칭은 살아서 돌아왔다. 그는 우리에게 그날 놈들의 병영에 끌려가 당한 경위를 말해 주었다. 자기는 물을 길었고 아버지는 파를 다듬었다고 한다. 그날 오후 술에 취한 일본병정 한놈이 들어오자 많은 인부들은 일어나 머리를 조아리며 인사를 하였으나 파를 다듬고 있던 아버지만은 인사를 하지 않았다. 이에 화가 동한 그 놈은 칼을 빼들더니 아버지에게 이쪽 저쪽으로 일곱 번이나 휘둘렀다고 한다. 아버지는 피를 많이 흘렸고 나중에는 동굴로 끌려갔다는 것이었다. 류즈칭이 우리를 현장으로 데리고 가자 어머니는 동굴어귀에서 자기가 손수 바느질한 허리띠를 발견하고 당장 울음을 터뜨렸다. 나중에 우리는 아버지의 시체를 들어내다 매장하였다.

당시 죽은 사람들의 시체가 얼마나 많았든지 방공굴이며 땅굴 어디에나 시체들로 가득 차 있었다. 실은 몇 개월이 지난 뒤에야 겨우 아버지의 시체를 꺼낼 수 있었다.

75. 류꾸이샹(劉貴祥)의 증언——샤관(下關) 우쉬(五所)촌에 있던 우리 집은 일본군이 지른 불에 타버렸고 남동생도 불에 타죽었다. 아버지와 마을의 십여 명 청장년들은 놈들에게 총살되었다. 나는 많은 여성들과 어린 여자애들이 놈들에게 강간 당하는 것을 목격하였다.

나의 아버지 류홍빈(劉鴻賓)과 어머니 류저우(劉周)씨는 다 톈진(天津)출신이었다. 1937년, 아버지는 딩쟈챠오(丁家橋) 국민당 당부에서 소방대 대장으로 있었고 당시 48세였다. 어머니는 청내장을 앓고 있는 환자이자 전족을 한 할머니였다. 누나 류꾸이전은 12살, 여동생은 2살이었고 남동생은 태어난지 몇 달밖에 안되었으며 나는 7살, 초등학교에 갓 입학한 학생이었다.

우리 일가족은 난징 북쪽 교외 샤관 우쉬(五所)촌의

한 초가집에서 살고 있었다. 난징의 정세가 긴장해지자 어떤 사람은 아버지더러 국민당 정부와 함께 내륙쪽으로 피난 가라고 하였지만 아버지는 자식들이 많은데다 아직 젊었으므로 떠나지 않고 그냥 난징에 남아 있었다.

1937년 12월 13일, 일본군이 시내로 쳐들어오던 날, 우리는 집안에 숨어 있었다. 아버지는 소방지식을 알고 있었으므로 탁자에다 젖은 담요를 씌운 다음 우리더러 탁자밑에 들어가 숨으라고 하였다. 별안간 우리 집 누렁이가 짖기 시작하고 잇달아 우리네 초가집이 불에 타기 시작하였다. 우쉬촌과 쓰쉬(四所)촌의 집들은 모두 초가집이어서 삽시에 불에 타버렸고 남동생 류꾸이바오(劉貴寶)는 화상을 입었다. 우리는 급히 집에서 뛰쳐나왔고 아버지는 불구덩이에서 조상대대로 전해져 온 원앙보검을 꺼내들고 나왔다. 나와보니 10여 명의 일본 병정들이 총을 꼬나들고 백성들을 호숫가로 몰아가고 있었고 남동생은 이미 심한 화상을 입은 터라 물에 닿이자마자 인차 숨지고 말았다. 놈들은 아버지의 손에서 원앙보검을 빼앗으려 했으나 아버지가 순순히 말을 듣지 않자 당장에서 아버지를 총으로 쏴 죽였다. 아버지는 그대로 호숫가의 언제 위에 쓰러지셨고 마을의 10여 명 청장년도 모두 총살되었다. 우리는 이곳으로 이사온 지 얼마 안 되는 터이라 그들의 이름조차 모르고 있었다.

마을의 청장년들이 대부분 총살되고 나니 노약자와 여성, 아이들만 남게 되었고 마을안은 온통 아수라장이 되었다. 어머니는 청내장에 전족까지 한 터라 아버지가 세상뜨자 아무런 방도도 생각지 못하셨다. 마을 사람들은 아버지와 죽은 사람들을 대충 호숫가에 묻었다. 후에 마을 사람들은 함께 샤관의 한 피난민수용소로 피난을 갔는데, 도중에서 많은 시체를 보았다. 피난민구역 안에는 수많은 대나무판자집이 있었고 집집마다에 홍만자깃발이 걸려있었으며 매일 구제용 죽으로 연명을 하였다. 그럼에도 놈들은 자주 와서 사람을 붙잡아 가고 여자들을 끌고 갔다. 가끔은 벽밑에서 여성을 강간하였고 심지어 어린 여자애마저 끌고가서 강간하였다. 당시 어머니랑은 모두 얼굴에 검뎅이를 칠하고 있었다.

우리가 샤관 피난민수용소에서 두달 남짓이 있는 동안에 니마샹(泥馬巷)에 살고 있던 사촌 형이 우리를 찾아왔고 우리를 난징시내로 데려다 성저우(昇州)로 더우먼챠오(陡門橋) 피난민수용소에 피신시켜 주었다.

후 기

아주 어렵게도 마침내 난징대학살 생존자 75명의 증언을 마무리하게 되었다. 이런 방식으로나마 역사를 전승하고 광범위한 독자들에게 역사를 이해케 하는 키를 넘겨주게 되어 스스로도 사회를 위한 책임을 얼마간 지었다는 생각에 가슴이 뿌듯하다.

세월은 쏜살 같이 흘러 어느덧 내가 중국 침략 일본군 난징대학살 희생자 기념관(이하 약칭 '기념관')에서 근무한 지도 어언 23년이 되었다. 그동안 가장 자랑스러웠던 것은 내가 난징대학살 기념관 하드웨어 건설의 3 차례에 걸친 비약적인 확충에 참여하였고 증언할 수 있다는 사실, 즉 기념관의 부지 면적이 기존의 25,000㎡에서 103,582㎡로 확대되었고 건축면적이 2,500㎡에서 78,160㎡로 확대되었으며 전시면적이 800여㎡에서 18,700㎡로 확충된 것이다. 더욱 중요한 것은 기념관의 소프트웨어 구축면에서 획기적인 진전을 가져왔다는 점이다. 전시품도 기존의 100건 미만이던 데서 16만 건 이상으로 늘어났으며 무엇보다도 난징대학살 생존자들의 증언과 일본 가해자 노병들의 증언 그리고 제3국 외국인사들의 증언을 꾸준히 수집해온 점이다. 이밖에 1994년부터 연속 20년 동안 해마다 12월 13일에 난징대학살 피해자추모행사를 진행해 왔다. 2014년 제12기 전국인민대표대회 상무위원회 제

7차 회의에서는 법적으로 12월 13일을 난징대학살 피해자에 대한 국가차원의 합동추모일로 확정하였으며 또한 기념관에서 최초로 국가차원의 합동추모행사를 거행하고 시진핑(習近平), 장더쟝(張德江), 마카이(馬凱), 류치바오(劉奇葆) 등 당과 국가의 지도자들, 그리고 일부 중국주재 외국사절들과 국제 우호인사들이 합동추모행사에 참석하였다. 이는 기념관의 국내외 영향력을 크게 확대하였을 뿐만 아니라 어느 정도 국제적인 인지도를 가지게 하였으며 연이어 세계 10대 블랙관광기지, 전국 애국주의 교육시범기지, 국가 1급 박물관, 전국 문명단위, 전국 문화재보호단위 등 일련의 영예를 지니게 했다. 2015년 10월, 난징대학살기록은 유네스코에 의하여 '세계기록유산' 으로 등재되었으며 세계적 의미의 역사유산으로 부상했다.

현실에 직면하여 지난날을 돌이켜 볼 때, 더욱 더 무거운 역사적 사명을 느끼게 된다. 역사는 시공간에 씌여지고 대지에 씌여진 진실한 존재이며 천지간에 각인된 인류의 실천 기록이다. 여기에는 매우 감동적인 찬란한 역사가 있는가 하면 뼈에 사무치는 치욕적인 역사도 담겨있다. 이는 하나의 거울이자 또한 한권의 교과서이기도 하다. 난징대학살의 역사를 보면 아직도 현시대 사람들과 후세의 사람들이 발굴하고 연구하며 이를 위해 계속 노력하고 기여해야 할 일들이 매우 많다. 그중에서도 특별히 중요한 것은 난징대학살 생존자 증언자료에 대한 수집, 정리와 출판이며 역사적 보존을 통하여 기억을 보존하고 나아가 중화민족의 정신을 보존하는 것은 공덕이 무량한 대사이다. 이에 나는 다시 한 번 외문출판사의 지도자와 편집자 여러분들의 혜안과 예지에 심심한 감사를 드리며 아울러 광범위한 독자 여러 분들께서 이 책을 통해 더 많은 사색과 계발을 얻게 되기를 바라는 바이다.

주청산(朱成山) 편집 저술

2015년 난징에서

图书在版编目（CIP）数据

南京大屠杀幸存者证言：朝鲜文 / 朱成山编著；金玉美，崔玉实译．—北京：外文出版社，2017.11

ISBN 978-7-119-11184-1

Ⅰ．①南…　Ⅱ．①朱…②金…③崔…　Ⅲ．①南京大屠杀－史料－朝鲜语　Ⅳ．①K265.606

中国版本图书馆 CIP 数据核字（2017）第 299703 号

选题策划：徐　步
出版指导：胡开敏
责任编辑：曹晓娟
韩文翻译：金玉美　崔玉实
韩文审定：安义运
装帧设计：大盟文化
印刷监制：冯　浩

南京大屠杀幸存者证言

朱成山　编著

出 版 人：徐　步
出版发行：
外文出版社有限责任公司（北京市西城区百万庄大街 24 号　100037）
http://www.flp.com.cn
电话：008610-68320579（总编室）　008610-68996064（编辑部）
008610-68995852（发行部）　008610-68996183（投稿电话）
印制：北京飞达印刷有限责任公司
开本：787mm × 1092mm　1/16
印张：14.75
2017 年 12 月第 1 版第 1 次印刷
（韩）
ISBN 978-7-119-11184-1
（平）
07900